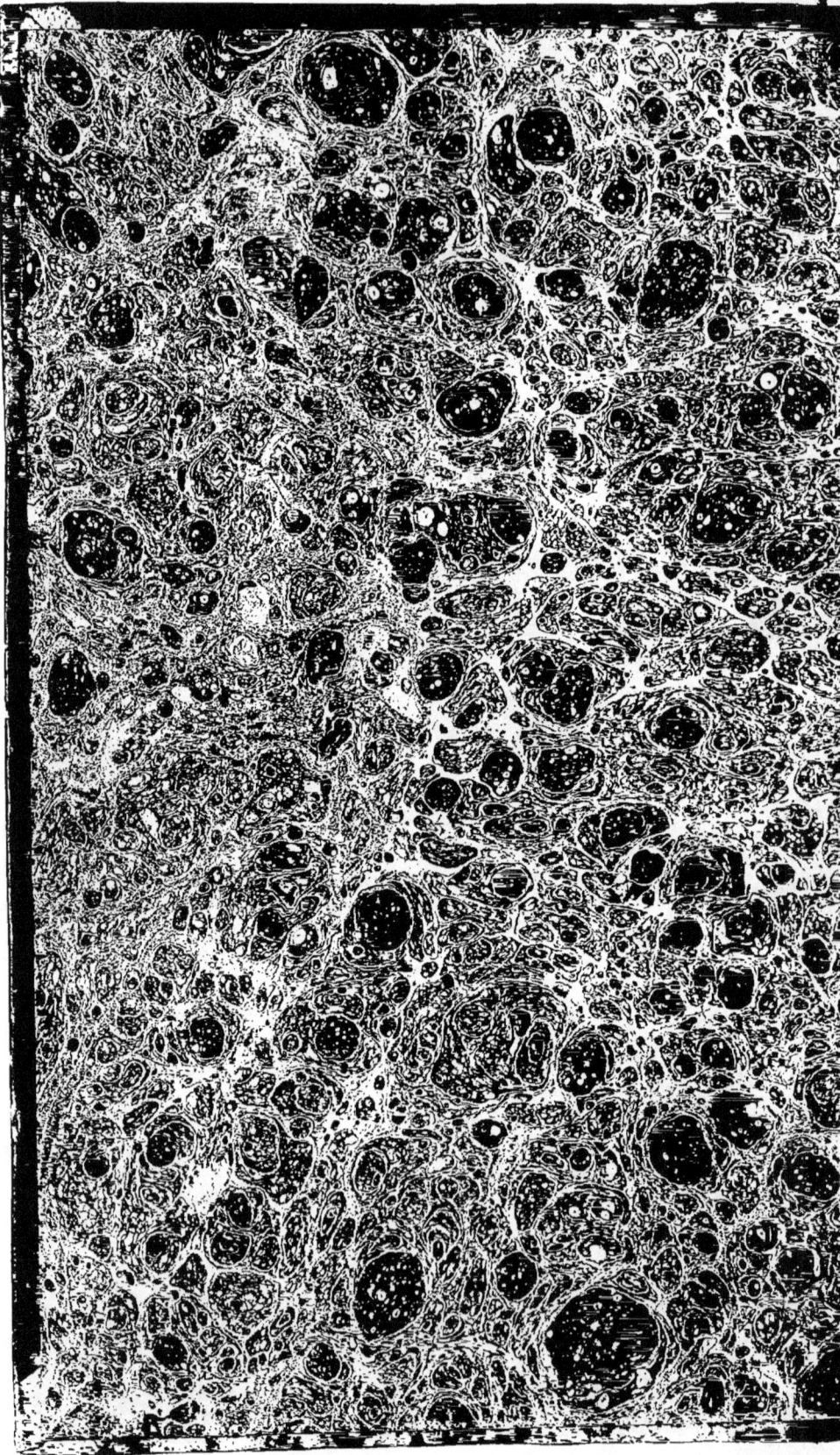

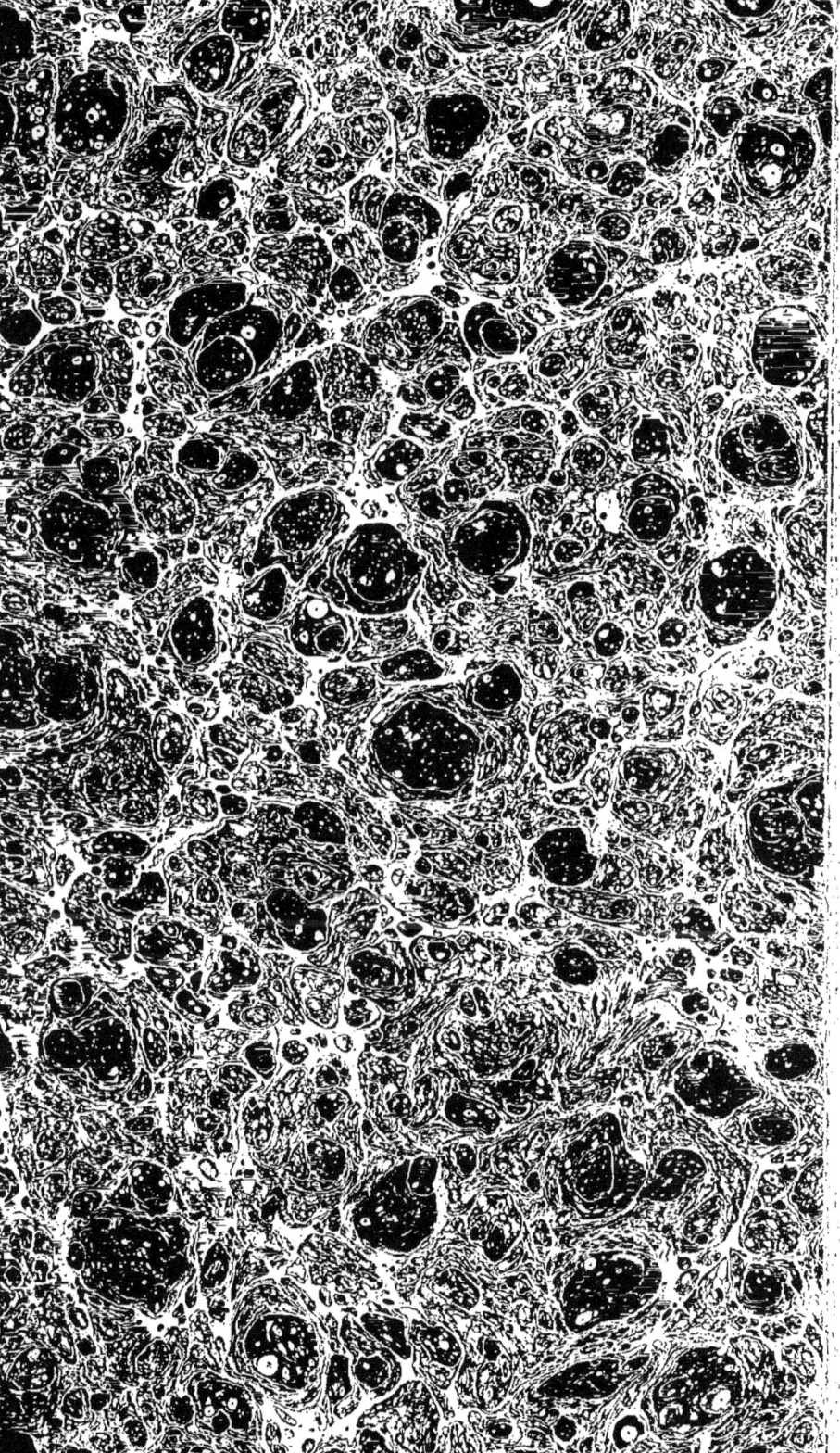

RELATION

CIRCONSTANCIÉE

DE

LA CAMPAGNE DE 1813,

EN SAXE.

DE L'IMPRIMERIE DE Mme Ve JEUNEHOMME,
RUE HAUTEFEUILLE, N° 20.

RELATION

CIRCONSTANCIÉE

DE

LA CAMPAGNE DE 1813,

EN SAXE.

PAR M. LE BARON D'ODELEBEN,

L'UN DES OFFICIERS GÉNÉRAUX DE L'ARMÉE;

Traduit de l'Allemand sur la Seconde Édition,

PAR M. AUBERT DE VITRY.

PARIS,

CHEZ { PLANCHER, Editeur des OEuvres complètes de Voltaire, en trente-cinq tomes *in*-12; RUE SERPENTE, N° 14; DELAUNAY, LIBRAIRE, AU PALAIS-ROYAL.

1817.

PRÉFACE

DE L'AUTEUR.

Ce n'est pas sans timidité que je me décide à livrer à l'impression cette production d'une plume inexpérimentée; mais j'ai remarqué que beaucoup d'événemens historiques plus ou moins importans, paraissaient souvent obscurs ou inexacts aux observateurs placés dans l'éloignement; et j'ai cédé à l'espoir de fournir aux historiens à venir des matériaux utiles, dans un exposé fidèle et sans art des événemens de l'une des campagnes les plus remarquables de notre temps.

J'ai évité avec soin toute opinion tranchante; et je m'en suis tenu à ce qui m'a paru vrai, d'après des observations que j'ai faites moi-même sans prévention, ou d'après des communications obtenues des hommes les plus instruits du quartier général français, et les connaissances que m'ont procurées mes relations de service militaire. Mais dans un récit de cette nature, pour en établir la liaison et y donner de l'ensemble, il faut bien y faire entrer quelquefois des opinions qu'on n'a pas formées soi-même, et des incidens dont on n'a pas été témoin.

Il sera facile au lecteur attentif de distinguer ces détails à la tournure du récit; et d'ailleurs, un respect inaltérable pour la vérité le dédommagera amplement des défauts dans la forme de l'Ouvrage, ou de toute autre imperfection.

Mon éloignement du lieu de l'impression ne m'avait pas permis de corriger beaucoup de fautes qui s'étaient glissées dans la première édition. Je crois que celle-ci s'est améliorée autant que possible, sans que l'ensemble du Livre en soit altéré. Puisse l'ouvrage, dans son état actuel, mériter la faveur du public allemand, qui, à ma surprise, autant qu'à ma satisfaction, l'a d'abord si bien reçu! Je me flatte de voir accueillir un petit livre que je présente sans prétention, et dans lequel on trouvera rassemblés les événemens de l'une des années les plus fécondes en résultats importans, qui ait fixé l'attention de la génération actuelle.

M. D'ODELEBEN.

NOTE DU TRADUCTEUR.

L'auteur allemand donne souvent à Bonaparte le titre d'Empereur qu'il portait à l'époque de la campagne dont M. d'Odeleben publie le récit. On a remplacé ce titre dans la traduction par le prénom ou le nom du chef de l'armée française. On a fait aussi quelques autres changemens dictés par les convenances.

Mais on n'a en rien altéré l'ouvrage. L'auteur se distingue par une impartialité rare, et s'est piqué d'être juste envers un homme que les Allemands n'avaient sûrement pas sujet d'aimer. On s'est rarement aperçu que le désir d'être impartial rendît M. d'Odeleben trop indulgent. Cependant, quand cela est arrivé, des notes ont rectifié ses opinions; mais on s'est bien gardé d'imiter ceux qui croient donner des preuves de courage et de fidélité, en prodiguant des injures à celui qu'ils flattaient, quand ils le croyaient tout-puissant.

RELATION

CIRCONSTANCIÉE

DE LA CAMPAGNE DE 1813,

EN SAXE.

La France, après les revers de la campagne de 1812, contre la Russie, avait répondu à l'appel de son chef; elle rassemblait, dans ce qui restait d'une jeunesse nombreuse et florissante, une armée dont on pouvait à peine espérer la réunion dans un si court espace de temps. On s'épuisait en efforts pour renouveler une lutte opiniâtre que l'on se proposait de soutenir jusqu'à la dernière extrémité : cet incendie terrible, rallumé aux deux bouts de l'Europe, parut, dès l'origine, l'œuvre du délire au spectateur sans passion.

Si la malheureuse France n'avait pas eu déjà, depuis plusieurs années, épuisé ses meilleures troupes dans la guerre d'Espagne; si l'on n'avait pas nourri l'espoir trompeur de voir une nation pleine d'énergie, se plier à une domination étrangère, et, se fatiguant enfin de la guerre, courber la tête sous le joug de son oppresseur; la France, renforcée par un noyau de l'armée occupée en Espagne, sous la conduite d'un général habile, aurait pu peut-être combattre dans le nord avec plus de sécurité; on aurait pu remplir quelques lacunes dans la chaîne des opérations dont la ligne si étendue ressemblait plutôt, surtout depuis la conclusion de la paix entre la Russie et la Porte, dans l'été de 1812, à une pyramide ébranlée, qu'à la base d'un édifice solide. Mais la plus redoutable vengeance couvait encore dans le cœur de tous les Espagnols; l'Angleterre répondait dignement aux sentimens élevés de cette nation: elle savait quel secours elle pouvait attendre de l'orgueil et de la confiance en eux-mêmes, de ces peuples méridionaux, pour l'exécution de ses plans: elle employait tous les moyens pour entretenir en eux, comme un feu sacré, l'horreur de la domination française, tandis que le chef des Français, entraîné par une idée fixe, la destruction du commerce anglais, ne craignait pas de tenter une chance désespérée.

La guerre contre la Russie était aussi, à la même époque, dirigée d'après une idée fixe, à laquelle on peut, en quelque sorte, attribuer les fautes capitales auxquelles Napoléon se laissa dès-lors entraîner.

On peut être d'une autre opinion ; mais, d'après les renseignemens que j'ai eus au quartier général français, quoiqu'une grande partie de nos contemporains regarde comme incroyable, et traite de ridicule à l'excès le projet d'une invasion dans les Indes orientales, j'ai la certitude qu'on en a réellement eu l'intention. Les provinces de l'empire russe les moins favorisées de la nature, ne pouvaient sûrement tenter l'avidité de Napoléon ; mais leur union amicale avec la France pouvait être d'un grand avantage pour cette puissance. Ce ne fut donc ni la conquête de ces provinces, ni le désir de vaincre l'armée russe, dont le courage froid, inébranlable, avait déjà été éprouvé par les Français, qui décidèrent le conquérant à cette campagne. Non..., le chemin jusqu'à Moscou n'était pour lui que le tiers de son voyage dans l'Inde.

Si, par l'effet de cette ferme confiance en lui-même, de cette habileté dans ses entreprises, dont il avait si souvent fait preuve, il réussissait à déterminer le cabinet russe à la paix, après la prise de Moscou, ce traité devenait le premier instrument de son expédition en Asie. Le succès de cette expédition, après l'avoir conduit de Paris à Moscou, lui ouvrait, en deux campagnes, l'accès au centre des établissemens britanniques :

trois ans lui suffisaient pour ces trois pas de géant. Une tête de feu, comme celle de Napoléon (1), pouvait fort bien avoir rêvé ce projet d'une témérité folle, et en couver en quelque sorte l'accomplissement à son réveil, accoutumé qu'il était au succès de ses plans les plus extraordinaires. Le nombre effrayant des difficultés qui, pendant son expédition, devaient, comme des tempêtes, éclater sur ses derrières, la diminution de ses troupes dans un intervalle de six ans, étaient comptés pour rien; et il ne pensait qu'à suivre l'exécution de son plan favori : le pas jusqu'à Moscou une fois heureusement franchi, la Russie consentant à faire avec lui une paix de plusieurs années (2), et à seconder sa marche, en menaçant les États que son armée aurait sur ses flancs, ou sur ses derrières, il se flattait d'accomplir, dans cet intervalle, un dessein qui, plus que tous

---

(1) M. de Narbonne comparaît très-bien la tête de Napoléon à un volcan.

(2) On sait que Napoléon avait l'habitude de fixer une période, ou de désigner l'année qu'il marquait pour l'accomplissement de tel ou tel projet; je crois inutile d'en rapporter aucun exemple : ses prédictions s'appuyaient sur sa carte géographique, et il ne fut quelquefois héros que sur la carte : souvent aussi son opiniâtreté fit violence à l'art, comme on voit fréquemment une passion l'emporter sur une autre.

ses précédens exploits, lui assurait l'immortalité, et la France s'élevait à un point de grandeur qui lui permettait désormais de braver l'orgueil britannique.

Que l'on rapproche maintenant de ce projet celui d'une descente en Angleterre, conçu auparavant, et qui avait échoué : projet dont, certes, on n'aurait pas fait les préparatifs à si grands frais, s'il n'eût dû servir qu'à en masquer un autre; que l'on en rapproche encore le vœu exprimé plus tard par Napoléon, de vivre assez long-temps pour pouvoir exécuter son grand dessein, et l'on reconnaîtra que mon opinion n'est pas tout-à-fait à dédaigner. On se rappelle cet arc de triomphe dont l'exécution fut commencée en l'année 1811 ou 1812 (1), vis-à-vis le palais des Tuileries, à l'extrémité des Champs-Élysées, au-dessus de la grille de Chaillot, et qui devait être terminé au bout de six ou huit ans : peut-être l'idée de ce monument fut-elle suggérée par le projet de l'expédition dont l'exécution devait élever son auteur au-dessus de tous les héros des siècles passés. Chacun croira à cet égard ce que bon lui sem-

---

(1) L'auteur se trompe. On avait commencé la construction de cet arc de triomphe dès l'année, 1806, pour célébrer les victoires de 1805.

Not. du Trad.

blera; je me confirme dans mon opinion par l'assertion échappée à l'un des serviteurs les plus affidés de Napoléon. On parlait des malheurs éprouvés en Russie, à entendre celui qui parlait : Napoléon eût accompli les plans les plus beaux et les plus magnifiques pour la gloire de la France, et pour la ruine de l'Angleterre, sans les malheureux événemens de Moscou : ces paroles n'étaient point préparées ; elles exprimaient de vifs regrets, tels qu'on les éprouve dans une situation désespérée, plutôt que l'orgueil d'un Français avide de conquêtes. La suite de la conversation ne m'est pas demeurée mot à mot dans l'esprit : je sais seulement qu'elle me fit croire à la possibilité du plan gigantesque dont j'ai parlé. Napoléon, tel que nous le connaissons, avait, sans doute, assez de vigueur dans l'ame pour concevoir ce projet, et en poursuivre l'exécution jusqu'aux limites du possible.

Je reviens à l'année 1813. Dans le mois de mars de cette année, la plupart des nouveaux conscrits en France furent enrégimentés et répartis entre les différens corps; les faibles débris de l'armée française que Napoléon avait sacrifiée en Russie, s'étaient repliés sur Magdebourg, sous les ordres du prince Eugène, vice-roi d'Italie. On ne pouvait plus défendre l'Elbe; et, attendu l'insuffisance des moyens de défense, le maréchal Davoust avait exécuté la résolution de détruire plusieurs ponts sur ce fleuve. Le pont de Meissen fut brûlé le 12 mars, et le 19 on fit sauter deux arches, et un pilier du beau pont de pierre de Dresde. Davoust se replia aussitôt sur Hambourg; et cette ville, avec la forteresse de Magdebourg, devinrent les seuls points d'appui des débris de l'armée française. Quelques milliers de recrues saxonnes, qui s'étaient formées à Torgau, ainsi que le reste de l'armée nationale, de retour de la Volhynie, corps dont le nombre n'excédait pas quatre à cinq mille hommes en état de servir, s'étaient retirés dans cette ville. Les débris du corps saxon qui, réunis avec les bandes sans discipline, ramassées dans les îles de Rhé, de Belle-Ile et de Walcheren, formaient le septième corps d'armée, sous les ordres du général de division Reynier, et l'extrémité de l'aile droite de la grande armée française, étaient tout-à-fait fondus par les maladies, les pertes devant l'ennemi, et surtout par le dernier combat près Calisch; Reynier s'y était trop exposé à des forces supérieures: et tout ce qu'il avait pu emmener était entré dans les hôpitaux (1).

---

(1) La plus grande partie de la cavalerie saxonne en état de servir avait été séparée du corps d'armée lors du combat de Calisch, et contrainte de se jeter dans la Gallicie autrichienne. Au mois de mai, le général Gablentz, officier plein d'activité et de zèle, la ramena, par la Bohême, dans la Saxe.

Les Bavarois, et les autres alliés des Français, étaient encore occupés de la recomposition des masses de renfort, que la volonté dictatoriale de Napoléon leur avait prescrit de lever. Après le corps de Davoust, celui du vice-roi d'Italie, et les faibles restes du corps de Reynier, qui se traînaient misérablement à travers la Saxe, il ne restait de troupes fraîches que celles qui avaient été appelées de l'intérieur de la France, par un décret de Napoléon, en déduction des levées qui devaient avoir lieu l'année suivante. Mais cette fleur de la jeunesse, l'espoir de la patrie, devait s'évanouir bientôt, séchée dans son germe; car on tirait ces jeunes gens de leurs foyers pour leur faire faire, comme à de vieilles troupes, des marches qui surpassaient leurs forces. L'enthousiasme des uns soutenait cependant le courage des autres, et leur faisait espérer qu'ils trouveraient, en Saxe, les mêmes ressources que ce royaume, non encore épuisé par la guerre, avait offertes à leurs devanciers : mais des fatigues excessives, la mauvaise nourriture qu'on leur donnait dans leur patrie même, épuisaient aussitôt leurs vigueur. La plus grande partie des commissaires et des employés avait échappé à leur perte en Russie, par le soin qu'ils avaient eu de tout réserver pour eux, et par l'effet de la longue patience du ciel. Ils avaient également échappé au châtiment en France, favorisés par le relâchement des lois répressives, ou par des protections.

Peut-être aussi épargnait-on ces êtres inhumains, parce qu'on les croyait de nouveau nécessaires. Cependant, il fut prouvé, même dans les premiers jours, et dans leur patrie, que l'on pouvait se passer d'eux.

Les conscrits de nouvelles levées furent dirigés sur Mayence, où passèrent le Rhin en plusieurs endroits. Cependant Mayence fut toujours le point principal pour la réunion des troupes; en partie, à cause de la facilité du passage, et des routes qui conduisent plus avant dans le pays; en partie, parce que, de là, on montrait pour ainsi dire à l'univers les masses gigantesques qui se précipitaient comme des torrens en Allemagne, pour travailler au bonheur du continent. Là fut réunie à la fin de mars, et au commencement d'avril, une malheureuse cohue de soldats tant malades que bien portans. Ceux qui venaient de France n'étaient pas en meilleur état que ceux qui venaient du Nord. Les uns et les autres étaient également affamés et infirmes. Cette conformité de maux si fréquens dans les armées, au-dessus desquels le militaire sait cependant souvent s'élever, fut bientôt remarquée comme un sinistre présage. Cependant le sentiment de l'honneur se réveillant dans les jeunes conscrits, surmonta leurs peines ; ils répondirent avec énergie à l'appel de leurs chefs, et hâtèrent leur marche vers ces champs

Tome I. 2

de bataille, témoins des triomphes de leurs frères et de leurs amis. Ils supportaient la faim et la fatigue, pour se montrer dignes du nom de Français.

Mais ni la vanité ni l'amour de l'honneur ne pouvaient rien sur les pauvres quadrupèdes que l'on dressait et que l'on poussait aux combats avec la même rapidité. Tirés de tous les dépôts, rassemblés de toutes les parties de la France, les cadres des régimens qui avaient disparu, obtenaient bien un nombre considérable de chevaux; mais les marches précipitées, et le poids des harnois auxquels ils n'étaient point encore accoutumés, réduisaient presque ces malheureux animaux à l'état d'invalidité. On pouvait, de cent pas, reconnaître un nouveau détachement de cavalerie, à l'odeur des plaies des chevaux, avant même d'avoir vu leur triste allure.

Les Français passaient déjà pour mauvais cavaliers: quoique, dans la campagne de Russie, l'intérêt de leur conservation leur fît un devoir de mieux soigner que de coutume ces animaux si maltraités, qui devaient être leurs sauveurs; cependant l'insouciance ou la barbarie envers leurs chevaux était chez eux une habitude invétérée.

Cette fois, la rapidité nécessaire des marches ne permit pas de donner de grands soins à ces animaux; dans cette circonstance on voulait aller au-delà du possible. Mais il est des cas, tels que celui-ci, où l'argent, ordinairement tout-puissant, devient inutile; quiconque connaît le service de la cavalerie doit savoir la grande différence qu'il y a entre un homme qui se fait porter par un cheval, et celui qui sait le conduire; on manquait d'officiers, ou de sous officiers, expérimentés, capables d'initier une foule présomptueuse dans l'art du cavalier.

Les officiers en petit nombre qui se trouvaient à l'armée, et les jeunes officiers qu'on avait appelés des dépôts, étaient incapables de former une cavalerie; quoique l'embarras des circonstances, et le besoin extrême de lutter contre un ennemi supérieur en nombre et en expérience, rendissent cette ressource indispensable.

Aussi eut-on à souffrir, dans le cours de cette campagne, par les effets d'une infinité de fautes et de négligences grossières dans les détails du service, surtout à l'égard de la cavalerie, qui rendirent trop évidente l'ignorance des officiers. Aussi long-temps qu'on eut l'occasion de combattre avec de grandes masses, ou sous la conduite d'un général expérimenté, on put obtenir des succès, ou par la supériorité des forces, ou en attaquant avec habileté; mais, dès que ces deux avantages vinrent à manquer, les Français eurent le dessous dans les combats de cavalerie, et dans toutes les rencontres. Au reste, on n'avait négligé cette arme, ni sous le rapport de l'éclat extérieur, ni sous celui des besoins essentiels. Les hommes étaient bien vêtus, les harnois en bon état ; cependant, comme ces harnois avaient été confectionnés à la hâte, et qu'ils étaient trop neufs, beaucoup de chevaux, par cette double raison, se trouvaient hors de service.

Pendant les mois suivans on organisa, comme réserve de cavalerie, des gardes d'honneur épars dans tous les départemens, et formant, à la vérité, beaucoup de régimens, mais ne présentant qu'un petit nombre d'hommes. On fut jusqu'à prendre, pour les leur donner, les chevaux de luxe de la capitale, comme un libre sacrifice que l'on déposait sur l'autel de la patrie en danger.

De grosses sommes furent employées à rétablir les trains que le froid ou les accidens avaient fait perdre. De nombreuses colonnes de chariots avaient été confectionnées à la hâte ; et il faut convenir que l'on avait fait, et que l'on faisait encore beaucoup pour ce service : à la tête de ces nouveaux bagages de l'armée se faisaient remarquer le train d'équipages de la Garde, défilant en pompe, et dans un grand ordre. On avait fait en Russie la triste expérience des funestes suites qu'entraînait la séparation, et la lenteur de quelques parties des colonnes qui restaient en arrière. Ce désordre avait fait tout tomber dans les mains des cosaques : aussi, dès que les brigades et les soldats du train voyaient quelques chariots traîner dans la marche, les entendait-on crier : « *Serrez, Serrez* »; de manière que, pour une distance perdue de deux pas, les cent chariots suivans devaient s'avancer au trot : ces sauts continuels en avant, cette prompte obéissance fatiguaient incroyablement les attelages. Il n'était pas moins essentiel d'observer exactement l'ordre de la marche; et il étoit bon sans doute que chaque commandant veillât à ce que chaque colonne se tînt aussi serrée que possible ; mais cette inquiétude, cette extrême promptitude à se rejoindre n'en épuisaient pas moins, sans nécessité, les attelages : cette inquiétude exagérée était probablement l'effet d'ordres sévères, motivés sur les événemens précédens. On doublait, l'on triplait trop souvent les colonnes, dès que le terrain le permettait. On les eût décuplées, si le terrain eût été assez large : cavalerie, infanterie, artillerie, état-major, train ; tous les corps, et souvent tous ensemble, commettaient cette faute sans besoin, et il en résultait une confusion, un entassement dans les colonnes qui entraînait les suites les plus fâcheuses. Aussi long-temps que l'armée marcha en avant, tous ces pelotons purent se développer sans beaucoup d'inconvéniens ; mais que l'on pense au désordre dans lequel une armée accoutumée à marcher ainsi, doit tomber dans une retraite : on en a éprouvé plus d'une fois les tristes résultats. Une grande partie de l'infanterie française consistait en conscrits; mais pour réparer les grandes pertes qu'avait éprouvées la vieille Garde, qu'on avait vue si brillante dans sa marche vers la Russie, on avait formé un nouveau corps sous le nom *de la jeune Garde*. Autant que je puis le savoir, le plan avait été formé pour quatorze régimens, y compris les voltigeurs et les flanqueurs. On ne sait si ce corps était au complet; mais il fallait que Napoléon, qui le réunissait à la vieille Garde pour l'avoir sous son commandement, et le faire agir immédiatement sous ses ordres, le rendît assez fort pour pouvoir s'en servir en tout ou en partie, afin de frapper un coup décisif sur un point quelconque. Les conscrits les mieux conformés, de la conduite desquels on avait les meilleurs témoignages, et qui donnaient les meilleurs espérances, étaient placés dans ce corps. On y faisait aussi entrer les meilleurs sujets, pris dans les noyaux des vieux régimens; et les officiers étaient en partie choisis dans l'ancienne Garde. Toutes les pertes qu'éprouvait ce dernier corps, étaient réparées par la jeune Garde, qui devint ainsi une pépinière pour l'ancienne. Elle aurait dépassé toute mesure, si la faux de la mort n'y eût pas multiplié les vides. Elle montrait avec un courage déterminé un grand dévouement pour Napoléon, et même après les marches les plus fatigantes, après les sacrifices d'hommes les plus sanglans; elle le saluait par des cris redoublés et par les *vivat!* accoutumés; mais l'homme est toujours homme. La force de l'ame ne saurait étouffer les besoins physiques. L'estomac avait aussi ses droits. Quoiqu'on eût tout le soin possible des deux Gardes, quoique les commissaires fussent obligés de leur faire faire des distributions pendant que les troupes de ligne vivaient de pillage ou mouraient de faim, la fréquence des marches forcées et des contremarches fit perdre à la fin à ces deux corps d'élite les préférences dont ils avaient joui.

Les officiers français faisaient grand fond sur l'artillerie de la jeune Garde; elle consistait, autant que je puis le savoir, en cinquante six pièces, avec une ou deux batteries de douze livres : toujours employée comme réserve, elle avait toujours opéré en masse, et frappé des coups heureux. Au reste, à l'ouverture de la campagne, l'artillerie française n'était pas très-nombreuse, et dans les différens corps mobiles on ne comptait guère que trois cent cinquante pièces. Plus tard, l'artillerie fut immense, et jusqu'à la rupture de l'armistice, on comptait en tout, depuis la ligne gauche de Davoust, jusqu'aux frontières de la Bohême, ou plutôt sur la rive droite du Rhin, treize cents canons.

Le 17 avril à deux heures, Napoléon arriva à Mayence. Le chemin de Saint-Cloud à cette ville, d'environ soixante-quatre postes françaises ou milles allemands, il l'avait parcouru en quarante-hui heures (1), accompagné d'un seul officier d'ordonnance. Tout le reste de sa suite, même le grand maréchal Duroc, était encore resté en arrière. Aussi n'avait-il pas de temps à perdre : car le 31 mars, le manifeste de la Prusse contre la France avait été publié; et le même jour, à l'occasion du passage de l'Elbe par l'armée russe, il fut publié dans le journal de l'Empire que, quand même les Russes seraient campés à Montmartre, la France ne rendrait rien des provinces qu'elle s'était incorporées. Le 1er avril, la guerre contre la Prusse fût déclarée dans le sénat (2).

Beaucoup de personnes en France ne voulaient d'abord pas croire que Napoléon se rendrait lui-même à l'armée, dont la recomposition avait eu lieu à la hâte, et qui n'était guère formée que de recrues. Pouvait-il confier sa gloire militaire à des légions non encore éprouvées, et sur lesquelles il ne pouvait pas encore compter ? Ne devait-il pas laisser faire les premières tentatives avec ces cohortes par les généraux et les maréchaux; et lorsque ces troupes sans expérience seraient plus

---

(1) Les gazettes françaises disent en quarante heures; c'est un mensonge : Napoléon aimait à voyager avec beaucoup de rapidité.

(2) Ces deux jours sont très-remarquables; car ce fut précisément un an après, le 31 mars 1814, que les Russes et les Prussiens s'emparèrent de la capitale de la France, et le 1er avril que le Sénat prononça la déchéance de Napoléon.

familiarisées avec l'art destructeur de la guerre, n'était-ce pas alors qu'il devait se mettre à leur tête pour augmenter leur enthousiasme, et employer leur expérience récente à des entreprises plus importantes et plus décisives?

Telle était l'opinion des gens qui se prétendaient fins. Mais la nation française qui, malgré les lamentations du vingt-neuvième bulletin, ne connaissait pas encore toute l'étendue des maux soufferts en Russie, et de l'effroyable revers qu'on avait éprouvé, était encore capable de quelque vigueur, aussitôt qu'il serait à la tête de l'armée, et tout dépendait de l'heureuse ouverture de la campagne. Napoléon demeura donc fidèle à son caractère, qui le portait à tout risquer pour regagner l'opinion par un premier succès; les Gardes étaient dans le voisinage de Francfort: l'ancienne Garde comptait seule de vieux soldats. Les autres corps qui étaient venus à Mayence, ne consistaient qu'en nouvelles levées. Pour donner donc à cette armée un point d'appui et une certaine force, Napoléon avait fait venir de Toulon trente mille hommes. (C'était au moins le nombre présumé de ce renfort.) Il était composé de troupes de la marine, qui faisaient le service d'infanterie et d'artillerie. En outre, le général Bertrand avait reçu ordre de se porter de l'Italie sur Nuremberg, pour se réunir avec quarante mille hommes au maréchal Ney qui se trouvait dans Erfurt avec des forces insignifiantes:

les plaisants disaient avec soixante-dix hommes.

On n'évaluait pas au-delà de quatre mille hommes la cavalerie régulière qui y était arrivée par Mayence. Les détachemens isolés qui en partaient pour aller plus loin renforcer les régimens de cavalerie, n'étaient pas encore en état de servir. On ne pouvait évaluer la quantité des troupes d'après celles qui allaient et venaient; et beaucoup de gens prétendaient que, pour en imposer, on faisait sortir les troupes par une porte, et rentrer par une autre. Toujours est-il certain que la vieille cavalerie régulière était d'une faiblesse excessive, et que ses premières divisions n'arrivèrent pas à Manheim avant le 9 avril, tandis que dès le 1er avril les premiers cosaques se montrèrent à Chemnitz, et dans l'Erzgebirg ; et que les Russes, après avoir passé l'Elbe en vingt endroits, occupèrent les villes de Naumbourg, de Léipsic, etc. etc. On le savait à Mayence; on savait aussi que le quartier-général du vice-roi d'Italie, était, à la même époque, à Stasfurt, près d'Halberstadt, et qu'il se trouvait ainsi entouré d'ennemis de tous côtés. Les troupes légères russes firent des courses jusqu'à Nordhausen, et avaient enlevé un résident français à Gotha.

Toutes ces circonstances ne laissaient aucun lieu de douter que la malheureuse Saxe ne devînt le théâtre sanglant où devait se décider la grande question, si la France devait plus long-temps exercer son intervention dictatoriale sur les affaires de l'Allemagne, et du reste du continent. La prophétie du célèbre Bulow, dans ses aperçus sur les événemens futurs, était près de s'accomplir. Dès 1800 et 1806, il avait annoncé que l'Elbe serait le point de rencontre entre les Russes et les Français, et qu'alors les contrées voisines de ce fleuve, surtout à l'orient, seraient très-malheureuses.

Pendant le séjour de plusieurs jours que fit Napoléon à Mayence, les préparatifs furent poussés avec une incroyable activité. C'est à ces efforts extraordinaires, qui enlevaient à la France toute sa jeunesse, qu'on doit attribuer le succès avec lequel ce pays se trouva en état de faire tête à ses adversaires, et de se montrer avec plus de vigueur qu'on ne l'avait cru d'abord. Lorsque l'artillerie et la cavalerie étaient encore à naître, que l'on fondait des canons, que l'on toisait, et que l'on habillait les hommes, qu'on recevait les chevaux, dont on se proposait de se servir sur le champ de bataille, peut-être au bout de quatre semaines, Napoléon fit marcher, sans relâche, par grandes ou petites divisions pour renforcer l'infanterie, tout ce qui pouvait être mis en état de faire le coup de fusil. C'était sur les grandes masses d'infanterie qu'il devait en effet placer tout son espoir. Chaque jour, chaque heure était de la plus grande importance, et il fallait risquer un grand coup avec toutes les forces réunies, pour empêcher que la nation française ne vît une odieuse jonglerie dans les récits publiés de la campagne de Russie, et que le crédit de l'auteur de tant de désastres ne s'évanouît entièrement. Les derniers bulletins avaient attribué tous les malheurs au froid : c'était le moment de prouver qu'on ne pouvait en accuser ni l'imprévoyance, ni le défaut de forces physiques et morales. Il fallait s'épuiser en efforts pour démontrer à la nation, que si l'ennemi menaçoit de s'approcher des frontières de l'Empire, on ne pouvait s'en prendre qu'aux revers les moins attendus, et non aux projets imprudens d'un chef qu'on avait cru infaillible. La nation était encore toute prête à faire un grand sacrifice. Les peuples du nord, naguères si méprisés, si on ne les repoussait pas maintenant par une victoire, allaient insulter le sol français comme vainqueurs; et l'on avait la triste perspective de voir s'évanouir toute cette gloire militaire si chèrement achetée, et la grande nation recevoir des lois, ou être partagée. Toute la vanité naturelle aux Français, tout leur orgueil national étaient stimulés par cette pensée, dans un moment aussi critique. Il paraissait nécessaire de gagner promptement une bataille, non pas pour dompter entièrement, et poursuivre jusque dans leur patrie les vaincus, mais pour les écarter du théâtre du carnage. Si l'on remportait la victoire, la France montrait quelle source inépuisable de forces et de résistance elle renfermait dans son sein : c'était alors l'instant de conclure une paix très-modérée, et de guérir dans un prudent repos les blessures dont on souffrait. Alors l'honneur national était sauf, et la France devait s'estimer heureuse d'avoir reconquis l'estime de l'Europe.

Mais les torts précédemment accumulés se grossirent encore de tous les procédés irréguliers, où le besoin entraîna l'armée française dans le cours de cette campagne, à l'égard des Etats voisins, et même envers les alliés; et cette nation, en agissant avec autant de dureté que de maladresse, s'attira la haine la plus violente de la part de tous ceux qui sont capables de ressentir l'outrage. Ce n'est pas que le Français par sa sensibilité et la vivacité de son tempéramment, ne soit susceptible d'une certaine élévation d'esprit, et ne se montre touché du sentiment de l'honnêteté et de la justice; mais ces qualités sont souvent étouffées par l'intérêt, et par d'arrogans préjugés contre les autres peuples. Le triste égoïsme avait surtout, pendant la dernière campagne, étouffé dans le Français toute bienveillance, même envers ses compatriotes. Combien peu d'égards pouvait-on attendre d'eux pour les besoins des étrangers avec de pareilles dispositions? Ils étaient accoutumés à voir des villages en feu et détruits, des femmes et des enfans dans la douleur; des propriétés dévastées, des habitans en fuite; et ils excusaient quelquefois toutes ces horreurs, avec une sensibilité affectée, par le dicton, « c'est la guerre ; » mais ils ne réfléchissaient pas qu'on avait fait souvent des guerres exemptes de ce désordre effréné, de ces inhumanités, lorsqu'une attention exacte aux ressources des pays occupés, au bien-être des habitans, maintenant la discipline, adoucissait les calamités inséparables de ce fléau. On pouvait donc dire à plus juste titre :« c'est le désordre. » Au reste, l'opinion exprimée par les officiers qui entouraient Napoléon, était, qu'il ne fallait plus penser à une campagne dans la Russie, même dans le cas d'un retour de fortune en faveur des Français, et que, si on était assez heureux pour pousser les Russes au-delà de l'Oder ou de la Vistule, il ferait un grand sacrifice pour obtenir la paix. Mais on sait déjà ce que Napoléon entendait pour lui, et pour les autres, par un grand sacrifice.

On travailla avec beaucoup d'activité pendant le mois d'avril, aux fortifications de Mayence. Les habitans de la rive gauche du Rhin furent, heureusement, payés. Mais ceux de la rive droite, à qui Napoléon allait appliquer son droit de protection, ne purent rien obtenir. Vraisemblablement, ce tribut pour un secours encore en expectative, se perdit dans les poches des employés et des inspecteurs. Ainsi, on sentait déjà la nécessité de couvrir Mayence contre une attaque de l'ennemi; mais il n'y avait dans la situation des pauvres Mayençais, rien d'encourageant pour eux. L'idée d'un siége dont ils avaient à courir la chance, la dévastation de leurs campagnes semblables à de beaux jardins, et des rians environs de leur ville étaient le spectacle que leur imagination leur mettait sans cesse sous les yeux; et c'était avec la plus grande anxiété qu'ils prêtaient l'oreille à chaque nouvelle des rives de l'Elbe. On ne peut nier que, dans les mois de mars et d'avril, quand l'armée française, nouvellement ressuscitée, ne présentait encore que l'image d'un vrai cahos, et que le vice-roi d'Italie était réduit à défendre seul l'Elbe, avec environ trente-mille hommes de vieilles troupes; l'armée russe-prussienne eût certainement pu aisément percer jusqu'au Rhin. Les Français paraissaient s'y attendre; mais les contrées qui, dans les mois suivans, eurent encore tant à souffrir de l'oppression, n'osèrent se plaindre du retard que l'on apportait à leur affranchissement du joug des Français. On doit considérer comme une disposition particulière de la destinée, que cette marche des événemens, telle qu'elle eut lieu, était précisément la seule propre à opérer la destruction des forces militaires de l'empire français. L'issue même des batailles de Lützen et de Bautzen, concourut à amener ce grand résultat. Si les Français eussent été déjà battus près de Lützen, au point d'être forcés de se retirer sur le Rhin, ils se seraient rapprochés et de leurs renforts, et de leurs ressources : ce fleuve protecteur pouvait être défendu alors avec plus d'énergie qu'il ne le fut plus tard, et les troupes qui se hâtaient d'arriver de l'Italie et de l'Espagne, auraient rendu d'importans services sur les frontières de la patrie. Dans tous les cas, le Rhin aurait arrêté pendant quelque temps les progrès des alliés qui n'avaient pas encore réuni toutes leurs forces, et dans l'intervalle, la nombreuse artillerie française, et les munitions qui furent employées après l'armistice dans le mois d'août, auraient déjà été en état de servir. Combien n'aurait-il pas été facile de faire par la Suisse et par plusieurs autres points, de puissantes diversions sur le flanc des alliés, et de concentrer ainsi le théâtre de la guerre dans la malheureuse Allemagne! Je suis donc fondé à conclure que les premiers avantages des Français, leur trouée jusque dans la Silésie, les échecs reçus par des corps isolés sous les maréchaux, et enfin le grand combat des peuples entr'eux près de Léipsick, furent autant de circonstances nécessaires pour forcer l'aigle rapace à regagner son aire, après l'avoir dépouillée de ses plumes, et préparer ainsi à l'Europe fatiguée un repos long et durable. L'artillerie, arme sur laquelle Napoléon comptait le plus, ne pouvait être perdue que dans des batailles, ou par la destruction de corps entiers, ou enfin par des opérations sur ses derrières. Il fallait d'abord qu'il fit des progrès, et ensuite qu'en les faisant, il essuyât de grandes pertes. La nation française qu'aveuglaient encore beaucoup de prestiges, se serait difficilement déclarée contre Napoléon qui n'avait encore contre lui que la mauvaise volonté d'un petit nombre d'amis de la paix.

On le haïssait surtout parce qu'il imposait à sa nation de grands sacrifices; mais on se félicitait encore de posséder un homme unique, dont le génie était seul capable de protéger l'Empire contre les calamités d'une invasion ennemie. Aussi supportait-on, sans trop de murmures, ce dernier effort extraordinaire, et détournait-on son attention des malheurs inouïs dont les invasions des armées françaises, et les exactions de leurs généraux, avaient accablé les autres pays. Dans l'illusion de l'égoïsme national, on était satisfait de penser qu'un pareil malheur n'atteignait ni le territoire français, ni les pays qui voulaient rester incorporés à la Grande Nation.

Jusqu'au 24 avril, Napoléon resta à Mayence, passa une revue de quelques régimens de cavalerie et de quelques troupes venues de Toulon; il vit défiler quelques colonnes du train, et visita les fortifications. Depuis quelques jours, la Garde était à Francfort, prête à marcher. On était dans une incertitude complète sur l'époque du départ du quartier général. Mais on conjecturait que Napoléon, en quittant Mayence, irait, sans

Tome I.

s'arrêter, à Francfort, et c'est ce qui arriva (1). Il était même dès le 25 avril à Erfurt; et déjà il y paraissait très-inquiet La discordance des opinions sur cette grande opération de l'ouverture de la campagne, préoccupait son esprit. On le vit plusieurs fois monter à cheval pour passer en revue des troupes nouvellement arrivées, et pour inspecter les fortifications d'Erfurt, où l'on devait creuser des fossés que l'on remplirait avec les eaux de la Gera. Au reste, il était très-occupé dans son cabinet, et ne se montrait à la dérobée à la fenêtre, que lorsque la cavalerie de la Garde, les dragons, les chasseurs, les lanciers polonais et les grenadiers à cheval défilaient. Sa vieille Garde faisait toujours éclater pour lui le plus grand dévoûment, parce qu'il savait la flatter en toute occasion (2). On était

---

(1) « Il nous fera lancer, comme dans les autres campagnes », disaient les officiers de sa maison, qui, souvent, ne savaient si et quand ils devaient envoyer en avant leurs équipages.

(2) Napoléon, comme on sait, entendait à merveille l'art de se concilier l'amour de ses gardes et des soldats qui avaient long-temps servi sous lui, en excitant leur vanité par des distinctions; celle-ci, entr'autres, était moins dans l'ordre accoutumé, mais avait quelque chose de plus recherché qu'une croix que l'on donne pour récompense. Un exemplaire complet du grand ouvrage de Denon, sur l'Égypte, fut donné à tous les colonels qui l'avaient accompagné dans l'expédition. Cet ouvrage

instruit, à Erfurt, de la marche de beaucoup d'infanterie française sur le chemin de Kranichfeld, à peine praticable autrefois. Il prit vraisemblablement ce parti, pour effectuer sa jonction avec le corps du général Bertrand, qui, venant de Nuremberg, s'approchait des frontières. Il voulait, en même temps, nettoyer les montagnes et les forêts de la Thuringe des troupes légères russes et prussiennes qui y faisaient des incursions Les marins, qui appartenaient au corps de Marmont, marchaient en même-temps par Erfurt.

Le 28 avril, Napoléon, avec son état-major et celui de Berthier, se rendit d'Erfurt à Eckartsberg. Le gros bagage du quartier général était encore en arrière, entre Fulde et Erfurt, sous les ordres du général Guilleminot. La plupart des personnes de sa suite avaient à peine un cheval avec elles, pour pouvoir se mettre en marche. Les chevaux de main et les valets étaient encore au quartier général, ne pouvant ni suivre aussi vite, ni marcher en avant, parce que des essaims de troupes légères ennemies infestaient la route.

Napoléon continua sa marche jusqu'à Weimar. Là, il monta à cheval, arriva, au crépuscule, à Eckhartsberg, et travailla fort tard dans la nuit. Berthier, quoique son état-major occupât toujours

---

était le seul résultat utile dont l'Europe fût redevable à cette périlleuse entreprise. Les officiers qui recevaient ce présent, en étaient fiers.

une maison particulière, quand il y avait assez de logemens, habitait au *palais* : on appelait ainsi la demeure de Napoléon, lors même que ce n'était qu'une chaumière. Il voulait toujours avoir Berthier sous sa main. Il mangeait tête-à-tête avec Napoléon, lorsqu'il n'y avait point au quartier-général de personnages plus éminens en dignité; par exemple, en l'absence du roi de Naples. Tout le domestique attendait dans le salon de service, ou se tenait sur l'escalier, faute d'espace. Je parlerai, dans le second Chapitre, de la manière d'être des courtisans, ou de la maison de Napoléon. Déjà, à Eckhartsberg, on pouvait se convaincre de l'indifférence avec laquelle les officiers du quartier général voyaient les accès de brutalité, et les excès que les troupes se permettaient, faute de soin et d'inspection. Sous les fenêtres même de Napoléon, où les masses de troupes se précipitaient, et s'animaient par des cris et un bruit effrayant, les troupes, au bivouac dans la ville, jetèrent toute la nuit, dans le feu, toutes les portes, les volets et les autres ustensiles, même les plus indispensables, sans faire attention qu'à quelques pas plus loin, ils auraient pu trouver à brûler des effets moins utiles; et tout cela se faisait d'après cette habitude des Français de gaspiller, sans bornes ni retenue, tout ce que l'étranger qui leur donne asile a si péniblement acquis, mais qui laisse voir la plus honteuse lésine, même pour les dépenses les plus insignifiantes, dès qu'il s'agit de les payer. Les officiers, corrompus par le besoin, qui, dans la dernière campagne, avait servi d'excuse à tant d'excès, contemplaient ce désordre avec un sang-froid stoïque, ou même le favorisaient. Une fois l'impulsion donnée, et les chefs fermant les yeux, malheur au pays où affluaient ces troupes sans discipline! Mettre en feu une maison, un village par négligence ou imprévoyance, était un acte sans conséquence : détruire en un instant le bien-être de toute une famille, de toute une commune, tandis qu'il eût été si facile à un insouciant de porter son feu dix pas plus loin, n'était qu'une bagatelle. Je n'ai vu ni général, ni officier faire faire le procès à ces bandits, ni dénoncer et faire poursuivre ces inhumanités. Le maudit « *c'est la guerre* », servait d'excuse à tout, et à peine rencontrait-on, de temps à autre, quelqu'un qui, avec une apparence de sensibilité, plaignît « la pauvre Saxe ! »

L'habitude de voir ces misères humaines avait émoussé tout sentiment de compassion. Qui est-ce qui pouvait, dans de telles circonstances, s'opposer à l'indiscipline? Rarement réussissait-il à quelqu'habitant déterminé, de disputer, à un ou à plusieurs de ces vauriens, les débris de sa porte, ou de les chasser. Tout allait au pis pour ceux qui abandonnaient leurs maisons.

A dater du jour suivant, 29 avril, Napoléon

fit toutes ses marches à cheval, et ne monta plus en voiture jusqu'à la conclusion de l'armistice. Quand il se servait d'une voiture, c'était, d'ordinaire, la preuve d'un loisir bien rare, ou d'un chagrin. On lui attribue d'avoir dit, au commencement des opérations : « Je ferai cette campagne » comme le général Bonaparte, et non pas en » empereur. » Dès que Napoléon était à cheval, il avait pour but un objet militaire. Ordinairement il s'agissait de reconnaître le pays, d'inspecter des forteresses ou d'autres travaux, ou enfin, de passer des troupes en revue. Il était alors accompagné de Berthier (le prince de Neuchâtel et de Wagram); du maréchal Bessières (le duc d'Istrie), comme commandant général de la Garde ; de Soult (le duc de Dalmatie), alors sans destination, et de Duroc (le duc de Frioul), comme maréchal du palais, tous à cheval; plus loin, le grand écuyer Caulaincourt (le duc de Vicence); le général Guyot, commandant des chasseurs de la Garde, à qui le soin des escortes et du commandement des relais avait été confié ; les adjudans, le comte Lobau (le général Mouton), Corbineau, Durosnel, Drouot, Flahault, et le colonel Bernard. Plus tard, on vit aussi le colonel Deschamps, le général Hogendorp; et après l'armistice, le général Narbonne, le général polonais Pac; et plus tard, Korsakowsky; ce premier faisait également, dans beaucoup de circonstances, le service d'adjudant, et portait, à la vérité, l'uniforme français, mais était sans traitement, comme la plupart des Polonais non compris dans la Garde.

Maret (le duc de Bassano), ministre des relations extérieures, se trouvait aussi quelquefois à cheval, à la suite de Napoléon, qui avait toujours avec lui deux secrétaires.

Auprès de Nuremberg, était une belle brigade du corps de Ney, qui le salua, tout d'une voix, du *vivat!* accoutumé, et parut animée du plus vif enthousiasme. Dans chaque circonstance, c'était sous le commandement du maréchal Ney qu'étaient placées les troupes les plus exercées, parce que c'était lui que Napoléon chargeait toujours des attaques les plus importantes et les plus décisives; mais la plus grande partie de son corps consistait, cette fois, en conscrits, et on parlait avec enthousiasme, au quartier général, du courage avec lequel ce corps s'était battu dans la première affaire. Ney, après ce premier combat, qui eut lieu à Weissenfels, écrivit à Napoléon : « Votre Majesté ne
» doit avoir aucune inquiétude sur les nouvelles
» levées; ces jeunes gens se sont battus avec une
» intrépidité qui permet de tout attendre d'eux. »
Il est certain cependant que Napoléon lui-même pouvait avoir quelques inquiétudes, à l'ouverture de la campagne, sur les conscrits, et qu'il eut

bientôt lieu de se convaincre du péril qu'il y avait à risquer un coup hardi, en exposant des masses de jeunes gens inexpérimentés, contre des guerriers exercés et éprouvés. L'habile mélange des officiers avec les soldats, ainsi que la forte réserve qu'il s'était formée par la fusion de la vieille et de la jeune Garde, purent seuls donner quelque consistance aux parties de l'armée qui n'étaient pas encore mûries par l'expérience.

Napoléon, avant de descendre dans son palais, parcourut les entours de la ville, et s'informa, avec beaucoup d'empressement, du chemin de Siss (Zeitz), et de la population de ce lieu. Si sa pantomime et le jeu de ses doigts n'avaient pas souvent indiqué ce qu'il voulait dire, il eût été fort difficile de deviner ce qu'il demandait, et de lui répondre sur-le-champ; car sa majesté aimait la briéveté, et voulait tout savoir clairement, sans circonlocutions, et sans les *si* et les *mais* qu'un empereur interdisait autrefois à un abbé de Saint-Gall. Quand la tête de Napoléon n'était point préoccupée de ses projets, il s'intéressait à des objets sans rapport avec son affaire essentielle. Il demandait, par exemple, à la vue de la porte d'une école, la destination de ce bâtiment, et ensuite le nombre des écoliers.

Siss (ou Zeitz) pouvait être un endroit qu'il croyait peut-être périlleux pour lui. La suite prouva que ce soin l'occupait avec raison. Maintenant, il était contrarié par la déclaration d'une députation de la magistrature de Naumbourg, qui se prétendait hors d'état de procurer les vivres à tant de troupes; tandis que toute la contrée et le magasin de Weissenfels étaient bloqués par l'ennemi. Son ordre impérial, « qu'on » procure du pain, de la viande et des vivres, » ne pouvait rien changer à la situation des choses. On avait enlevé aux meûniers toutes leurs provisions de farine : les moulins avaient été en partie détruits, et les troupes françaises isolées, pillaient les convois qu'on aurait encore pu faire arriver malgré la rareté des bêtes de trait.

Le maréchal Duroc, sur l'ordre de Napoléon, se rendit à la Maison de ville, pour hâter les préparatifs de la fourniture. Mais le désordre, résultant de masses trop nombreuses, était trop grand, et les besoins trop urgens, pour que l'on pût pourvoir à une distribution régulière. Les officiers haussaient les épaules, et disaient : *ils pilleront;* et cela arriva régulièrement partout où on ne pouvait pas pourvoir aux besoins de ces oiseaux de proie affamés. Outre plusieurs questions que Napoléon fit à la députation, sur la population de la province, sur l'armée prussienne et russe, sur les dispositions des habitans de Leipsic, sur l'état de Torgau, de Wittenberg et de Mersbourg, sur la distance de Zeitz et de Lützen (ce qui lui rappela le souvenir de

Gustave-Adolphe); questions auxquelles on répondit avec vérité et d'une manière convenable, on remarqua celle-ci : « Est-ce qu'on a cru que j'arriverais sitôt? » C'était pour lui une douce jouissance d'apparaître, comme un Dieu, sur son nuage (*ut Deus ex machinâ*), et de frapper les peuples d'étonnement par sa rapidité et sa puissance. Il parlait aussi souvent de lui-même à la troisième personne, à ceux auxquels on interprétait ses questions : il faisait, par exemple, demander : « A-t-on dit que l'empereur a gagné une bataille? » Une autre fois : « A-t-on dit que l'empereur a beaucoup de canons ? » On voit ici l'excès de la vanité humaine, la confiance d'un Xerxès dans son armée; confiance qui, dans ces derniers temps, a toujours reposé sur la multitude des canons.

Lorsqu'on devait livrer une grande bataille, cette supériorité en artillerie, dont il fit toujours montre dès le commencement de la campagne, devait, dans son opinion, faire sur l'ennemi et sur les habitans, une impression inattendue, et donner une haute idée de ses forces. On lisait sur son visage le triomphe de l'ambition, lorsqu'il croyait remarquer dans la voix du peuple l'étonnement de sa toute-puissance. Était-il donc si merveilleux, qu'un homme élevé si haut par la fortune, et qui croyait se tirer par son intelligence des pas les plus difficiles, entreprît hardiment tout ce qui paraissait impossible aux autres mortels? Au moyen des forces dont il disposait, il embrassait tout en grand, et un regard jeté sur les ressources extraordinaires qu'il savait apprécier, lui inspirait hardiesse et sécurité.

Il ne reconnaissait pas, dans ses adversaires, la faculté d'employer habilement les forces qu'ils avaient à leur disposition, se croyant seul capable de diriger de si grandes machines. Par sa sévérité, la volonté et l'exécution étaient, pour ainsi dire, fondues ensemble; et de cette manière, dans les derniers temps de son gouvernement, la marche des affaires était très-simple et sans art. Les ordres émanaient de lui: très-brefs; en grand, ayant pour but l'ensemble. L'expédition des détails était abandonnée aux généraux, aux officiers subordonnés qui, depuis la révolution, avaient acquis une grande pratique, et appris l'art de se tirer d'embarras. Celui de Napoléon consistait surtout en ce que, pour l'exécution d'un plan qu'il embrassait en grand, et qu'il avait calculé, il choisissait avec une volonté ferme, inflexible, les moyens qui devaient le conduire, au plus vite et le plus vigoureusement à son but. Sa redoutable autorité dissipait comm eune chimère toute objection, toute représentation, toute preuve d'impossibilité pour les choses même les plus insignifiantes. Si, par exemple, on lui eût représenté qu'un chemin était impraticable, c'était à ses yeux un ridicule qui lui faisait dire ironiquement: « Ah! on ne peut pas. » Et il ne revenait de sa prévention que quand l'impossibilité lui sautait, pour ainsi dire, aux yeux, tant la fortune avait gâté cet homme.

Pendant qu'il était à table avec Berthier, la conversation était tombée sur la magistrature du lieu. Un officier du vice-roi d'Italie lui apporta la nouvelle que le corps de ce prince était arrivé près de Querfurt, et que le prince lui-même avait son quartier général à Schraplau. Il parut très-content de cette nouvelle, et travailla tout le jour dans son cabinet. Aussitôt qu'il eut connaissance qu'à l'avant-garde de sa grande armée un combat avait déjà eu lieu à Weissenfels, sous le commandement de Ney, il n'eut plus aucun repos.

Le 30 avril, il courut à cheval, par une forte pluie, de Naumbourg à Weissenfels, et examina au-delà de la ville une colline où, le jour précédent, l'attaque avait eu lieu : à l'exception de quelques soldats et chevaux morts, et d'un chariot de munitions qui avait sauté, on ne remarquait aucun résultat de cette affaire : car la cavalerie russe et prussienne étaient encore tout près. Napoléon fit camper ses troupes sur les hauteurs devant la ville : c'était une fourmillière d'infanterie qui bivouaqua entassée sur le marché. Personne ne pouvait rien comprendre aux allées et venues des troupes, à moins de connaître la composition des corps ; une brigade en relevait une autre, et l'indiscipline allait toujours en augmentant.

Personne ne pouvait rester dans les faubourgs : à peine y avait-il un peu de surveillance dans la ville, et sous les yeux du quartier général. Ceux qui se comportaient de la manière la plus horrible, dans cette marche de l'armée française, étaient les troupes de l'avant-garde, composées, pour la plus grande partie, d'Italiens qui partout pillaient et volaient ouvertement.

Après quelques heures de travail, le 1er mai, on entendit soudain dans le quartier général de Napoléon le cri, « à cheval! » On croyait qu'il ne s'agissait que d'une simple reconnaissance que Napoléon voulait faire : car personne ne savait quel motif décidait souvent à changer rapidement le quartier général. Mais de la colline en avant de Weissenfels, on signala une ligne de cavalerie ennemie, et de forts postes de cosaques. Ils avaient probablement donné l'alarme au bivouac, et occasionné ainsi le rassemblement des troupes. Napoléon présenta sur-le-champ une masse d'infanterie; la cavalerie marcha sur Leisau et Rippach. Le corps de Ney était en avant, et à la tête de l'avant-garde se trouvaient les généraux Souham et Kellermann. Les autres corps, auprès desquels était Bonaparte, se dirigèrent plus avant, par la droite, sur les hauteurs vers Poserna, pour attendre que le défilé de Rippach fût occupé. La route passe obliquement et en pente modérée par le village situé dans un fond, et de l'autre côté, par une pente égale, remonte vers les hauteurs, très-faciles à défendre; tandis qu'au-dessus et au-dessous des villages de Rippach et de Porsten, les bords de la Rippach sont un peu plus escarpés. Le maréchal Bessières, duc d'Istrie, colonel général de la Garde, et qui, en cette qualité, n'était point nécessaire à l'attaque du défilé, s'avança à la hâte, à la tête des tirailleurs qui venaient par Rippach. A peine le duc était-il arrivé sur le flanc d'une hauteur occupée par l'artillerie des alliés, que, frappé d'un coup de canon dans le bas-ventre, il demeura sur la place. La chute de cet homme d'importance fut cachée aux troupes, autant que possible: son cadavre fut couvert aussitôt d'un drap blanc, et personne ne parla plus de l'événement. Ce n'était que par hasard que l'on pouvait apprendre, au quartier général, la perte d'un général, ou d'une personne de marque. Après chaque combat, le plus profond silence régnait sur la destinée de ceux qui y étaient restés, et les Français redoutaient d'avouer à quel prix ils achetaient leurs prétendues victoires. Dès qu'une fois la faux de la mort avait frappé quelqu'un, l'herbe croissait bientôt sur sa tombe; et rarement deux amis, dans leurs entretiens confidentiels, parlaient-ils du défunt: tant le soldat, pendant une guerre si longue, s'était accoutumé à des sacrifices perpétuels! Le cœur émoussé, indifférens sur la perte de tant d'hommes distingués, ils voyaient la mort de leurs frères d'armes avec le même sang-froid que la chute des feuilles à la fin de l'année, en attendant qu'elles se renouvelassent l'année suivante; les mutilations, la misère n'atteignaient point leur sensibilité, tant que le malheur les épargnait eux-mêmes.

La ligne des alliés se porta de la route conduisant sur Lützen et Leipsic, vers Starsiedel; leurs canons, placés entre ces deux endroits, enfilaient la chaussée, et inquiétaient vivement l'infanterie française, placée de côté dans les champs. Les Français avaient perdu quelques centaines d'hommes : on reconnut ce jour-là clairement le défaut d'ensemble dans les opérations des troupes nouvellement formées. Les généraux français eux-mêmes se plaignaient qu'il n'y eût aucun ensemble dans l'attaque : mais ce qui la rendait difficile, ou, du moins, ce qui la retardait, c'était surtout le manque de cavalerie. L'infanterie, fatiguée des travaux des jours précédens, était obligée de tenir contre la cavalerie ennemie : car le peu de cavalerie qu'on avait, était insuffisant; et comme elle consistait pour la plus grande partie, seulement en régimens de la Garde, on la tint toujours en réserve. Cette campagne confirma l'opinion, que l'on fait facilement des fantassins, mais non pas des cavaliers, avec des troupes nouvellement levées; et Napoléon, qui s'imaginait tout enlever de force, prouva, par ce mécompte de son orgueil, qu'il avait encore moins de connaissance du service de la cavalerie, qu'on n'en supposait aux Français, et qu'un ordre impérial ne pouvait pas créer une bonne cavalerie comme une forteresse. L'infanterie des alliés s'étant portée d'abord sur Pegau, ils n'avaient rien à opposer à ses grandes masses. Elles repoussèrent ainsi les troupes qu'elles avaient devant elles, et leurs bivouacs occupaient la droite et la gauche de Lützen. Napoléon, lui-même, après avoir vu rapidement les environs, prit son quartier-général dans la Maison commune du lieu.

La bataille de Lützen, dans laquelle Gustave-Adolphe avait terminé sa vie héroïque, parut trop occuper Napoléon. Peut-être, dans l'intention de trouver quelque rapport de temps et de position, le jour suivant, 2 mai, il s'informa avec beaucoup d'empressement du jour du combat, de la position des armées, et de l'endroit où Gustave-Adolphe était tombé (1).

---

(1) Je rappelle ici, par occasion pour le lecteur qui aurait besoin de ce renseignement, que le célèbre combat près Lützen, dans lequel les Suédois, malgré la mort de leur roi, battirent l'armée de Walleinstein, fut livré

Napoléon ne s'attendait à être attaqué ni ce jour-là, ni dans cette position; ainsi la bataille de Gross-Gœrschen, lors même qu'on ne lui attribuerait qu'un résultat douteux, doit être rangée au nombre des opérations militaires les plus habiles et les plus heureuses de Napoléon. Ses corps d'armée étaient en route pour se réunir dans les environs de Leipsic. Le vice-roi s'était mis en mouvement de Querfurt, et avançait par Mersebourg, dans la nuit du 1er au 2 mai; il avait son quartier général à Ætsch. Le maréchal Ney était à Kaia, à une petite lieue de Lützen vers Pegau. Le général Bertrand, venant de Nuremberg, traversait les montagnes, et une division de son armée prit encore part à la bataille, à l'extrémité de l'aile droite des Français. Napoléon lui-même se trouvait avec la principale masse de l'armée, sur le chemin de Leipsic, et avait envoyé en avant le général Lauriston, qui était

---

le 6 novembre 1632. Les deux armées en présence étaient tellement rapprochées, qu'elles n'étaient séparées que par la route de Lützen à Leipsic. Les champs de Pegau étaient sur les derrières des Suédois, et les environs de Mersebourg derrière les Autrichiens. Ainsi, il n'y avait, entre cette bataille et le second combat de Lützen (comme le nommèrent les Français), aucun rapport ni pour le jour, ni pour la position; car le champ de bataille s'étendait sur le côté de Lützen vers Zeitz et Pegau.

Tome I. 4

déjà au milieu du feu entre Schœnau et Lindenau. Les troupes marchaient serrées, les unes derrière les autres, et Napoléon s'était déjà avancé à la tête de son armée jusqu'à Markranstadt, pendant que le canon près Lindenau annonçait le commencement de ce jour si remarquable, lorsque Bonaparte, dont l'attention était peut-être excitée par quelque rapport, fit halte, et demeura une demi-heure en méditation, à côté de la route. Les troupes marchèrent en avant, sans s'arrêter, et le feu de l'artillerie continua près de Lindenau. Tout à coup, entre dix et onze heures, il s'éleva une forte canonnade sur le derrière du flanc droit, dans la direction du grand et du petit Gœrschen. Le maréchal Ney était à Kaia, et les environs avaient été attaqués avec furie par les Prussiens. Napoléon resta tranquille, observa pendant quelques minutes la fumée et le bruit éloignés, et sur le lieu même, changea son plan, faisant retourner toutes les troupes qui s'avançaient encore sur la route, et les faisant rétrograder sur Lützen. On peut bien penser qu'un changement de direction aussi rapide de toutes ces masses, avec l'artillerie et les munitions, ne put s'effectuer qu'avec beaucoup d'embarras. Pendant ces mouvemens, Ney, quoique très-vivement pressé, se maintint vigoureusement à son poste. Napoléon poussa sans relâche, vers le point d'attaque, sur Kaia, et les blessés affluèrent au-devant de lui entre ce village et Lützen. Sa présence enthousiasma les troupes, quoique la plus grande partie du corps de Ney ne consistât qu'en jeunes conscrits, qui, peut-être, allaient au feu pour la première fois. Presque aucun blessé ne passa devant Bonaparte sans le saluer du *vivat* accoutumé. Ceux même qui avaient perdu un membre, et qui, dans peu d'heures, devaient être la proie de la mort, lui adressaient cet hommage. Je n'ai pas entendu ce cri de joie d'un seul, mais peut-être de cinquante de ces fanatiques à demi morts. Tous ces hommes, aveuglés par des illusions de vanité, se laissaient volontiers conduire à la boucherie. Napoléon lui-même sentit, dans toute son étendue, l'extrême importance de ce jour : il s'aperçut qu'il ne pouvait opposer à des troupes exercées, que la jeunesse et l'inexpérience ; et à une cavalerie supérieure, qu'une infanterie fatiguée. L'enthousiasme que sa présence excitait, devait donc suppléer à l'expérience et à la force : il était sur-tout faible en artillerie, arme sur laquelle il comptait le plus et presque uniquement ; car il n'avait guère alors qu'environ deux cent cinquante canons auprès des corps qui se trouvaient réunis sur le lieu, avec les munitions nécessaires. Dans le moment de son arrivée à Kaïa, la chance du combat paraissait tourner contre lui. Ney était obligé de céder à la bravoure des Prussiens. La perte était déjà très-grande du côté des Français, et allait

4.

toujours en augmentant sur ce point, à raison des efforts que l'on fit pour prendre ou reprendre les villages de Kaia et de Rana, qui sont situés à un quart d'heure de distance l'un de l'autre, dans une plaine coupée d'arbres et de fossés pleins d'eau, et qui avaient été emportés d'assaut à six ou sept fois, à ce que prétendent les Français.

Kaia pouvait être considéré comme la clef de la position. Le village, par sa situation, ne dominait pas, à la vérité, les environs. Il n'y avait autour de Kaia que des inégalités de terrain peu sensibles, tandis que les hauteurs les plus remarquables étaient autour de Starsiedel. Cette position, ayant en avant un canal qu'il était difficile de traverser, n'en offrait pas moins un excellent point d'appui pour les deux armées; et si l'armée du vice-roi d'Italie n'eût pas menacé le flanc droit des Prussiens, la défense vigoureuse de ce point aurait changé la destinée du combat d'une manière qui eût été bien moins favorable aux Français. On eût eu presque plus de raison de donner le nom du village de Kaia au combat du 2 mai, que celui de Gross-Gœrschen ou de Lützen; car ce fut sur le point de Kaia que commença à changer la fortune militaire de Napoléon. Si les Prussiens eussent réussi à percer encore pendant une demi-heure, toute la ligne de l'armée française en marche entre Weissenfels et Leipsic aurait été rompue, et la cavalerie eût pu opérer avec beaucoup de succès sur les derrières de l'armée ennemie, du côté de Weissenfels. Napoléon le sentit très-bien ; il s'arrêta presque tout le jour derrière Kaia, dans la direction de Lützen, où son infanterie échelonnée, et sa vieille Garde, avaient été placées en réserve auprès de la cavalerie. Il s'exposa peut-être, dans ce combat, au feu de l'ennemi, plus que dans aucun des suivans qui furent livrés en Saxe, parce qu'il voyait combien le courage de l'armée, l'opinion de la nation, la conservation de sa réputation (à une petite distance de l'Empire français, depuis la campagne de 1812) dépendaient du gain de cette bataille.

Je n'ai jamais aperçu des signes plus visibles d'embarras sur son visage, que dans ce jour, au moment où peut-être la troisième attaque sur Kaia et Rana avait été repoussée, et où une de ses brigades, fuyant ouvertement, avait été chassée du premier de ces villages. Dans ce moment, Napoléon reçut un rapport par un de ses officiers d'ordonnance. Avec un terrible *ha* (1) !

---

(1) Cette syllabe *Ha !* prononcée par Napoléon, avait tant de significations, et il savait la moduler d'une manière si étonnante, qu'on pouvait reconnaître de loin si la nouvelle qu'il recevait était gaie ou triste; et dès qu'il saisissait le sens d'un discours, il exprimait encore par

il se le fit répéter, et jeta en même temps un regard long, incertain, timide sur Berthier et Caulaincourt, comme s'il eût voulu leur dire : Est-ce que vous croyez que mon étoile disparaît?

L'aile droite de l'armée française fut, avec peine, appuyée à Starsiedel, qui, le jour précédent, avait été occupé par le général Girard. Ce village, comme ceux de Klein-Gœrschen et de Kaia, fut la proie des flammes. Je ne peux porter aucun jugement sur les mouvemens de l'aile gauche des Français, tant parce qu'elle était hors de la portée de ma vue, que parce qu'elle était cachée par un hallier le long du canal (1).

---

cette syllabe, de la manière la plus significative, sa satisfaction ou son mécontentement.

(1) Je répète ici que, bien éloigné de prétendre à la gloire de devenir un historien, je m'en tiens au récit de ce que j'ai vu et entendu moi-même. Celui qui n'est pas placé dans l'état-major, ne connaît pas les rapports entre les divers corps, et ne peut par conséquent porter de jugement sur le détail de leurs mouvemens; à l'égard de l'ensemble des opérations, on ne peut compter que sur les rapports officiels que l'on a déjà lus, ou qu'on trouve imprimés. Si j'en faisais usage, mes Mémoires prendraient dès-lors le caractère imparfait d'un Traité stratégi-tactique, ce qui ne s'accorde pas avec mon plan.

Napoléon se tint, il est vrai, sur-tout auprès de sa Garde. Mais il se montra souvent, et au front de chaque troupe nouvellement arrivée. Accoutumé, un jour de bataille, avant le combat, à agir sur les esprits par quelque acte susceptible d'exciter l'enthousiasme, il ne négligea pas cette occasion d'animer l'ardeur, et d'exciter le dévoûment des soldats. A la vérité, il avait trop peu de temps, l'attaque avait été trop subite, pour qu'il eût le loisir de distribuer des aigles, de promettre des croix d'honneur ou des grades, moyen dont il n'avait pas besoin auprès de sa Garde; mais il se montra aux autres troupes, comme il avait coutume de le faire en attaquant. Et lorsqu'il parcourait les lignes, à cheval, il était salué par les *vivat* retentissans et prolongés des colonnes. Peu de temps auparavant, Napoléon, pour quelque faute, avait privé un bataillon de son chef. Il savait que cet officier, d'ailleurs très-brave homme, était fort aimé de ses soldats. Il courut au-devant du bataillon, à la tête duquel il le replaça, après lui avoir adressé un petit discours. Les cris de joie de cette troupe retentirent au loin, et elle forma aussitôt la tête d'une colonne qui s'avança pour attaquer une hauteur derrière Starsiedel. Tous les autres régimens l'accueillirent par des acclamations, même au milieu du feu de l'artillerie.

Le combat, qui durait toujours, se prolongea jusqu'à six heures et demie du soir autour de Kaia. Des deux côtés, on combattit avec un acharnement digne d'admiration, et les braves Prussiens donnèrent beaucoup d'occupation aux Français. Leurs batteries près de Gœrschen et de Rana, frappaient sur la Garde impériale, et plusieurs boulets et grenades arrivèrent jusqu'auprès de Napoléon. Tout près de lui, un inspecteur des postes perdit un pied, et même des balles sifflèrent autour de lui. Un embarras visible se manifesta dans les personnes de sa suite; à mesure que le feu se rapprochait, et que Kaia, le pivot de l'action, était en danger; comme enfin le moment arriva où tout paraissait perdu sur ce point, et que l'on devait s'attendre que la réserve de la vieille Garde attaquerait, le comte de Lobau, adjudant de Napoléon, et l'un de ses généraux les plus intrépides, se mit, par son ordre, à la tête d'une division de la jeune Garde, pour emporter de nouveau ce point. Aussitôt que l'attaque eut réussi, Napoléon dit à un autre de ses adjudans, le général d'artillerie Drouot, « d'aller rassembler une batterie de » soixante pièces de canon : » il lui indiqua briévement dans quel corps il devait les prendre, et dans quelle position il devait les placer. Un mouvement de cette importance, qui, en un moment, changeait toute la face du combat, fut, en un clin d'œil, l'ouvrage de dix paroles; car, depuis long-temps, ses officiers avaient appris à le comprendre. Cette batterie, rassemblée sur les hauteurs à côté de Starsiedel, pénétra toujours plus avant pendant la durée du feu, et Napoléon suivit, à la tête de la seconde ligne de la colonne d'attaque; ce fut le moment où il se montra avec l'ardent désir de vaincre. Il volait d'un point à un autre, poussant toujours, pour obtenir quelque avantage de terrain, afin que l'ennemi, tourmenté par la vivacité du feu de l'artillerie, ne pût ni se maintenir dans sa position, ni persévérer dans sa résistance. Déjà ses colonnes marchaient sur les cadavres de l'avant-garde ennemie, qui avait occupé cette position; déjà il faisait occuper à la hâte les petites collines derrière Starsiedel, et voulait poursuivre ses avantages dans la direction de Pegau. Soixante à quatre-vingts canons continuaient leur feu au centre de l'armée. Gross-Gœrchen devint la proie des flammes, et fut emporté. Mais l'armée prusso-russe tint ferme sur chaque point qu'elle défendait avec vigueur, pour peu que le poste fût susceptible d'être maintenu, et soutint le combat jusqu'à ce que l'obscurité fut complète.

Napoléon appela un général polonais, qui était à sa suite, et lui dit, très-briévement: « Allez à Cracovie, et dites que j'ai gagné une » bataille. » Ce fut la seule dépêche expédiée du lieu du combat. Le général partit sur-le-champ. On ne voyait plus que les lueurs du feu de l'artillerie, qui finissait, sans que l'on pût juger de la position des pièces. En trois endroits, les villages en feu éclairaient l'horizon, lorsque soudain, sur le flanc droit de l'armée française, une ligne de cavalerie se précipita avec un bruit sourd, et s'avança, les rangs serrés, jusque sur les bataillons carrés, derrière lesquels se trouvait Napoléon. Je crois que s'ils se fussent rapidement approchés de deux cents pas plus près, il eût été pris avec toute sa suite : car l'attaque, le feu de mousqueterie des Français, étaient si vifs et si rapprochés ; l'obscurité était si grande, qu'on ne savait qui tirait, si c'était ami ou ennemi. Ce fut alors que toute la suite de Napoléon se dispersa tout d'un coup. Napoléon lui-même disparut quelques minutes, et on se demandait, avec anxiété : « où est l'empereur ? » Cette scène mit enfin un terme à ce combat de géans. L'attaque de la cavalerie, qui montra l'énergie qu'inspire une tranquille confiance dans ses moyens, fut, à la vérité, repoussée par l'infanterie française ; mais Napoléon était hors d'état de calculer ou de voir s'il n'y avait pas sur ses flancs ou sur ses derrières de plus grandes masses prêtes à faire diversion. Je ne veux pas non plus examiner s'il n'eût pas été avantageux, pour les alliés, de pousser toujours l'attaque contre Weissenfels, sur la ligne de réunion des Français, avec des corps de troupes légères, et sur-tout avec la cavalerie : car, dans le cas le plus fâcheux, il restait toujours à une colonne, ainsi composée, une retraite libre sur Torgau, en passant l'Elbe, et les troupes eussent toujours fait un mal infini à l'armée française; tandis que celle-ci faute de cavalerie, n'aurait pu leur en faire que très-peu.

L'inquiétude qu'on avait d'une nouvelle attaque du même genre, força les troupes à rester formées en bataillon carré, pendant la nuit du 2 au 3 mai; et le matin du jour suivant, lorsque Napoléon, qui était retourné à son quartier général de Lützen, après dix heures du soir, en sortit au lever du soleil pour visiter le champ de bataille, les troupes conservaient encore le même ordre.

On put alors juger de l'étendue de la perte que l'armée française avait faite en hommes. Les ambulances étaient dans une activité effrayante; et auprès des villages de Kaia et de Rana, presque toute la surface du terrain était jonchée de morts. On pouvait compter sur ce point, où, à la vérité le combat avait été le plus meurtrier, de deux à trois mille tués, la plus grande partie du côté des Français. Les jeunes assaillans avaient rencontré dans la Garde prussienne de redoutables adversaires, et les cadavres des premiers remplissaient les fossés. D'après ce premier aperçu, on pouvait évaluer la perte, du côté des Français, de six à huit mille tués, et au double de blessés : la perte des armées russe et prussienne pouvait difficilement s'évaluer aussi haut. Je calcule, en ce jour, la force de l'armée française entre cent vingt et cent trente mille hommes environ, puisque les corps du vice-roi, de Ney, de Macdonald, de Mortier, de Marmont et de Bertrand étaient tous réunis (1).

Quelle différence l'observateur des événemens historiques ne remarque-t-il pas entre les anciennes batailles et celles de l'époque actuelle (2), s'il se rappelle que, dans la première bataille de Lützen, où, des deux côtés, les deux armées opposées comptaient à peine environ quarante mille hommes d'engagés, la perte des deux partis fut évaluée à neuf mille morts ; ce

---

(1) Il n'y eut, comme nous l'avons dit, que l'avantgarde, ou une partie du dernier corps, qui donna, et Lauriston se tint à l'écart près de Lindenau.

(2) Il fallait dire : entre les anciennes batailles et la nouvelle rencontre : car un écrivain, très-ingénieux et bien connu, a déjà remarqué fort à propos que maintenant tout se passe en marches et en rencontres. Ainsi, plus l'art de l'artillerie s'est formé, plus dans le choc de grandes armées ce qu'on appelle proprement bataille devient une rencontre.

qui faisait près du quart des combattans (1).

Parmi tous les récits des événemens militaires que contenaient les feuilles françaises, on distingua, comme le plus exact, celui du combat de Lützen : la marche de l'événement y était parfaitement représentée ; seulement, la perte des Prussiens y était portée trop haut, et celle des Français, comme d'ordinaire, trop diminuée. On n'y fit point mention des généraux morts ou blessés. Mais un des plus dangereusement atteint, le général Gruner, mourut, dès le soir du combat, à Lützen. Les armées alliées ne perdirent que peu de prisonniers, et, autant que je sache, on ne leur enleva point de canons; elle emmena tous ses blessés. Couverte par sa nombreuse et excellente cavalerie, elle exécuta une très-belle retraite, semblable à celles que nous avons eu si souvent occasion d'admirer dans la campagne contre la Russie. Le manque de cavalerie empêchait que l'armée française ne retirât un grand avantage de la retraite de l'ennemi. Le principal fruit de ce combat, pour les Français, se réduisit ainsi à la possession de la partie de la malheureuse Saxe située sur la gauche de l'Elbe.

Le matin qui suivit cette journée si chaude, Napoléon fut salué par les vives acclamations de

---

(1) Histoire de la guerre de trente ans, par Schiller.

ses troupes formées en bataillons carrés. Il passa en revue plusieurs brigades, et examina en détail la position de la veille. La bonne tenue militaire qui dominait dans cette nouvelle armée, sortie de terre, pour ainsi dire, et rassemblée d'un coup de baguette, était véritablement admirable ; et si l'on éprouvait de l'horreur pour les excès des soldats français, l'esprit militaire, l'activité dans les marches, et la bravoure de jeunes troupes si rapidemeut formées, que l'on opposait tout d'un coup à des soldats exercés, n'en excitaient pas moins l'étonnement.

Napoléon demeura pendant plusieurs heures auprès d'un grand feu de bivouac, qui brûlait près d'un nombreux bataillon carré de la vieille Garde, non loin de Gross-Gœrschen. Il attendait là une nouvelle attaque, qui devait être dirigée par le roi d'Italie sur l'aile gauche, du côté de Leipsic, et il resta dans l'inaction jusque vers les neuf heures et demie, qu'on entendit le bruit du canon. L'arrière-garde ennemie occupait encore les collines du côté de Pegau, à environ deux lieues de Lützen, quoique le gros de leur armée eût déjà dépassé ce village. On voyait encore de fortes colonnes de cavalerie du côté de Hohen-Mœlsen et de Zeitz. Elles s'étaient retirées sur Altenbourg et Chemnitz, pour se diriger de là sur Dresde.

Placé sur une colline un peu élevée, et limitrophe de la route, sur un point que peut-être les monarques alliés avaient choisi la veille pour leurs observations, Napoléon ordonna la marche ultérieure de son armée. Il espérait encore peut-être mettre le désordre dans l'arrière-garde ennemie; et il voulait qu'une division pressât sa marche entre Pegau et Zwenkau. La lenteur d'un général, qui n'avançait pas assez vite, le mit dans une grande colère : « Vous rampez, f....e! » lui cria-t-il. Mais cette tentative ne servit de rien alors; car l'armée des alliés avait, comme je l'ai dit, si bien ordonné sa retraite, que les jours suivans, jusqu'à l'occupation de Dresde, il n'y eut que quelques petits combats entre son arrière-garde et l'avant-garde française, sous le vice-roi d'Italie, près de Harta, de Nossen, et de Wilsdruf.

Le quartier général impérial fut porté le 3 mai à Pegau, le 4 à Borna, et le 5 à Colditz. Le roi de Saxe se trouvait alors à Prague. L'empereur l'informa du résultat de la bataille de Lützen, et lui fit en même temps savoir qu'il espérait entrer à Dresde dans quelques jours. Il parut cependant être dans l'intention de passer l'Elbe près de Kœnigstein, dans le cas où les alliés entreprendraient de défendre la capitale (1). Il sentait

---

(1) Un paysan qui revenait de Dresde, et à qui il demandait si l'on verrait volontiers l'empereur dans cette

vivement le manque de cavalerie, car, à chaque occasion, il pressait le roi de Saxe de lui donner deux régimens de cuirassiers qui étaient encore en Franconie. Incertain sur la situation de Torgau, Napoléon ne négligeait aucune occasion de s'informer de la destinée de cette forteresse, comme de celle de Dresde. Il envoya même le général Thielmann au gouverneur de Torgau, pour lui annoncer la nouvelle de la victoire qu'il avait remportée à Lützen, et lui faire en même temps savoir qu'il avait confié le corps saxon au

---

ville, lui répondit avec liberté : « Napoléon, oui; mais » ses soldats, non. » On aimait mieux les Russes que les Français, parce que les premiers étaient moins prodigues de coups. Bonaparte demanda ensuite au paysan si les habitans de Dresde étaient très-chagrins de ce qu'on avait fait sauter leur pont. Le paysan, levant les épaules : « Ce n'est rien; on le rebâtira, » répondit-il en riant.

Napoléon ne parla cependant plus de payer les frais de réparation. Nous parlerons tout-à-l'heure des *traits de générosité* auxquels Bonaparte se vit quelquefois provoqué; générosités qui se réduisaient à peu de chose, parce que des dépenses de cette nature ne pouvaient guère être prises sur sa caisse; ensuite, parce que l'embarras et l'urgence des affaires ne permettaient pas davantage de revenir sur de pareils objets. Il en fut ainsi de la mesquine protection qu'il accorda aux habitans de Bischops-Werda, dont il avait d'abord annoncé l'intention de faire rebâtir la ville tout entière.

maréchal Ney, qui était à Leipsic. Il lui recommandait d'ouvrir des communications avec ce maréchal, de mettre en campagne tout ce qui était capable de combattre, et de ne laisser que deux mille hommes dans la citadelle.

A Waldheim, le pont avait été brûlé par les Russes. La réparation de ce pont arrêta la marche de l'armée. Cependant la cavalerie et l'infanterie légère pouvaient traverser le gué, et Bonaparte dut aussi s'y résoudre. Quoique mauvais cavalier, il s'abandonnait souvent, sans réserve, à l'adresse de ses chevaux, en général petits et de peu d'apparence; très-souvent il se hasardait dans les sentiers les plus étroits, les plus marécageux, et dans des chemins pitoyables et dangereux, à travers les eaux. Le grand écuyer, qui, par la nature de son emploi, courait immédiatement devant lui, était d'ordinaire occupé à chercher les endroits les plus praticables. Lui-même remarqua une fois très-naïvement, qu'il avait beaucoup appris, mais qu'il n'avait jamais pu se familiariser avec le cheval. Son corps n'était pas non plus conformé pour cet exercice. Dans le galop, il se laissait aller, sans soin, sur la selle, et dirigeait d'ordinaire les rênes de la main droite, tandis que toute la partie supérieure du corps, pendant la marche du cheval, était poussée de côté, ou en avant, et que le bras gauche tombait négligemment. Si le cheval venait à faire un faux mouvement, il perdait aussitôt l'équilibre.

Le 7 mai, Napoléon alla de Waldheim jusqu'à Nossen; le vice-roi d'Italie, avec l'avant-garde, jusque près de Wilsdruf; le cinquième corps d'armée, sous le général Lauriston, près de Meissen; le quatrième, sous le général Bertrand, se tint entre Mitweida et Freiberg. Le jour suivant, le quartier général de Bonaparte devait rester à Wilsdruf. Mais, comme il était en avant de cette petite ville, et qu'il se trouvait, comme de coutume, à cheval à la tête de son état-major, il reçut la nouvelle que le matin l'avant-garde du vice-roi était arrivée à Dresde. Sur-le-champ Napoléon dit à un officier de sa suite: « Allez à » Dresde; amenez la députation chez moi: j'ai » nommé le général Durosnel commandant de » Dresde. Allez au galop. » Il lui importait, comme dans tous les cas pareils, de se faire bien accueillir.

Dresde, rempli d'habitans dans l'anxiété et le chagrin, n'en paraissait pas moins magnifique à l'approche du printemps. Le cercle de ses hauteurs couvertes de fleurs, se garnit d'une multitude de combattans français. C'était avec peine qu'un bon patriote saxon voyait déjà en idée cet agréable séjour, délaissé par le père de la patrie, devenir le théâtre du crime, la proie de bandes que le besoin et les souffrances remplissaient de passions sauvages. Déjà s'élevaient, dès deux côtés de la ville, des nuages noirs de fumée. Les Russes, en se retirant, avaient livré aux flammes deux ponts : l'un, en charpente, près Ubigau ; l'autre, celui de la partie supérieure de Dresde, formé de bateaux goudronnés. Le dernier nageait tout fumant à vau-l'eau, poussé par le souffle du vent, et se plaça enfin transvérsalement devant le pont de l'Elbe, à Dresde. On n'y pouvait plus passer depuis que Davoust en avait fait sauter deux arches, et qu'on avait rompu le pont provisoire que les Russes avaient fait construire en bois. La plus profonde tranquillité régnait dans la ville, et n'était interrompue que par quelques coups de canon venant de la rive droite de l'Elbe. Vers midi, on n'apercevait plus aucun soldat des alliés. Les derniers cosaques passaient le fleuve à la nage ; les bourgeois avaient pris la garde des portes. Les autres habitans, dans l'attente de ce qui arriverait, se réunirent près de leurs maisons, pleins d'inquiétude sur l'issue des mouvemens actuels. L'empereur Alexandre avait quitté la ville, la nuit à une heure, et le roi de Prusse dès le matin ; l'armée alliée s'était repliée sur Bautzen : elle occupait cependant encore les hauteurs de la rive droite de l'Elbe, et Neustadt. Les députés du conseil de ville rencontrèrent Napoléon à une demi-lieue en avant de Dresde, non loin du bureau de recette de la taxe des routes, sur le chemin de Freyberg.

Après un compliment dans lequel ils recommandèrent la ville à sa protection, il leur demanda d'un ton vif et rude : « Qui êtes-vous ? (Membres de la municipalité.) « Avez-vous du pain ? » Les magistrats d'une ville épuisée par les fournitures faites à toutes les troupes qui avaient déjà occupé la Saxe, ne pouvaient guère lui adresser une réponse satisfaisante, et lors même que, dans le premier moment, on aurait pu procurer aux nouveaux arrivans les objets les plus urgens, le plus court séjour de ces énormes masses n'en aurait pas moins menacé des plus cruelles extrémités, cette ville digne de compassion. Ce maudit principe, que tout était possible, maxime qui dispense d'examiner si les forces d'un état sont déjà épuisées, et si des milliers de ses habitans ne sont pas les victimes de la misère, lui dicta l'ordre, « qu'ils fournissent du pain, de la viande, du vin. » Il tourna aussitôt son cheval vers le faubourg de Pirna; parcourut les remparts de la ville, jusqu'à la route qui conduit à Pilnitz; il descendit là, et se rendit à pied, seul, avec le grand écuyer et un page, dans la campagne, jusqu'à l'endroit où les Russes avaient eu leur pont de bateaux. Le vice-roi vint au-devant de lui, et le conduisit seul à proximité du bord de l'Elbe, d'où l'on pouvait encore voir, de l'autre côté, les postes ennemis. Plusieurs canons lancèrent, des hauteurs de l'autre rive, quelques boulets, et se turent ensuite : c'eût été en effet une folie que de tirer sur deux hommes seuls, car les chevaux de main et la suite restaient toujours par petits pelotons assez loin en arrière. Si l'on eût pu deviner que c'était là ce guerrier insatiable de sang, certes, la pluie de feu ne se fût pas ralentie. Comme le passage de l'Elbe de ce côté n'était pas praticable, Bonaparte prit aussitôt la résolution de le tenter plus bas, à Priesnitz ou à Ubigau. Ainsi, après qu'il eut encore fait quelques observations sur la rive gauche de l'Elbe, au faubourg de Pirna, et qu'il se fut informé des moyens de se procurer des bateaux, du bois, des planches et des travailleurs en toute hâte, il courut encore lui-même au-delà de Frédéricstadt, vers l'endroit que nous avons déjà indiqué près d'Ubigau. Le pont de radeaux que l'on rencontrait dans cet endroit était à la vérité séparé de la rive gauche de l'Elbe; mais il existait encore aux deux tiers, tenant à l'autre côté du fleuve, brûlant faiblement, et sans qu'il y eût aucune surveillance sur ce point. On ne voyait plus aucun cosaque. Des chevau-légers français montèrent aussitôt dans quelques petites nacelles qu'ils s'étaient procurées, et, par l'assistance de plusieurs travailleurs, le feu qui brûlait faiblement, fut éteint, et le pont tiré de ce côté du fleuve. Bonaparte donna l'ordre de rassembler en toute hâte des charpentiers et des matériaux pour établir en cet endroit un pont de radeaux. Mais avant tout, on reunit des troupes qui, la nuit suivante, se retranchèrent sur la rive droite du fleuve, pour couvrir les travailleurs occupés aux travaux du pont.

Les alliés remarquèrent ce projet. Une opération si prompte, pour faciliter le passage d'une armée aussi considérable que celle des Français, devait les surprendre. Ils envoyèrent donc, le matin du 9 mai, des troupes en quantité sur la route qui conduit à Meissen par les villages de Wachau ou de Pischen, et les habitans de Dresde furent réveillés par le canon et par un feu de mousqueterie venant dans la direction de Neustadt. Bonaparte, accompagné d'un seul adjudant, s'était déjà porté à trois heures sur le rempart vers la *Fausse-Braie*, et avait lui-même fait placer quelques pièces de canon; disposition qui, vers midi, fit taire le feu de l'ennemi: celui des tirailleurs se prolongea toute la journée des deux côtés de l'Elbe, et personne n'osa se montrer sur le pont; deux canons protégés par des retranchemens tiraient de Neustadt sur la place du château et de l'église catholique. Plusieurs habitans furent tués ou blessés dans la matinée; mais, vers midi, la canonnade commença dans les plaines d'Ubigau. Les Russes voulaient empêcher la construction du pont, et avaient conduit sur ce point une grande quantité de canons. Quelques collines boisées près d'Ubigau favorisaient l'établissement des batteries, et il y eut là beaucoup de tués et de blessés. Bonaparte se porta à peu de distance auprès d'un magasin à poudre qu'on avait évacué, et dont on employait le bois à la construction du pont; il prit lui-même des mesures pour éloigner l'ennemi. Les Russes pouvaient avoir amené de 50 à 60 pièces qu'ils avaient placées le long des rives de l'Elba. Avant qu'aucun autre eût remarqué leur force, Bonaparte avait déjà prescrit les dispositions nécessaires. « Cent pièces de canon! » cria-t-il d'une voix de tonnerre au général Drouot, qui accéléra l'arrivée des pièces, et les fit conduire, en partie sur les hauteurs de Priesnitz, poste avantageux, en partie auprès du lieu appelé la Maison du Cordonnier, et enfin à l'extrémité de l'allée de l'Ostra (1).

---

(1) Comme Drouot revenait de Priesnitz, et qu'il rendait compte à Bonaparte de l'exécution de ses ordres, celui-ci ne trouva pas les canons bien placés à son gré, et dans la première effervescence de sa mauvaise humeur, il prit le général par le bout des oreilles, et les lui tira, mais celui-ci ne perdit pas contenance, et lui assura, d'un ton modeste, mais décidé, qu'on ne pouvait pas mieux les placer. Aussitôt l'air mécontent de Napoléon fit place à un rire amical. Il parut avoir seulement voulu plaisanter, et se tranquillisa. De semblables mouvemens d'une colère très-vive n'étaient pas rares de sa part,

La canonnade fut très-sérieuse. Les batteries russes balayaient toute la surface des champs entre Frédéricstadt et Priesnitz. Mais la position des Français était encore plus favorable que celle des Russes, jusqu'à la colline couverte de bois ou de vignes dont nous avons parlé, et qui couvrait les Russes près Ubigau. Plusieurs boulets et grenades vinrent tomber auprès de Bonaparte; une de ces dernières enleva tout près de lui une pièce d'une cloison de planche d'un magasin à poudre, et lui en lança un morceau de bois à la tête. « S'il avait touché le ventre, c'était fini, » dit-il, en relevant et examinant le morceau de bois. Quelques minutes après, une grenade tomba à terre entre lui et un bataillon italien qui avait marché vingt pas derrière lui. Les Italiens se courbèrent un peu pour éviter l'effet de l'explosion : il le remarqua, se tourna de leur côté avec un rire moqueur, et leur cria : « *Ah! cujoni, non famale.* » A la fin, la place devint un peu désagréable, et il se dirigea au-delà de Cotta, et derrière un chemin élevé près Leutewitz, vers Priesnitz. Les Russes remarquant tout à coup sa nombreuse suite, qui jusqu'alors s'était tenue en arrière dans un creux, firent siffler derrière eux une grêle de balles.

---

comme j'aurai, plus tard, occasion de le faire remarquer.

Cependant on avait déjà fait passer deux bataillons environ, qui, postés à la tête du pont commencé, devaient nettoyer l'autre côté du rivage. Les tirailleurs protégés par les batteries poussaient de distance en distance l'infanterie russe. La cavalerie ennemie, encore forte d'environ 16 à 18 escadrons, auprès de Trachau et de Caditz, ne se mêla plus du combat. Vraisemblablement, on en avait renforcé l'arrière-garde des alliés, qui sur ce point devait s'opposer au passage de l'armée française, pendant que le gros de l'armée se retirait en bon ordre sur Bischopswerda, Pulsnitz, et Radeberg.

Dans ce combat, on perdit des deux côtés quelques cents hommes : la tête du pont resta occupée, et les Russes abandonnèrent Ubigau, dont les Français s'emparèrent. Mais les travaux au pont n'en étaient pas moins très-difficiles ; le courant y étant assez profond et assez rapide, et l'on manquait de câbles, d'ancres et d'autres ustensiles. Après deux jours de travail, ces difficultés firent interrompre la construction de ce pont ; on trouva plus utile de s'occuper du rétablissement de celui de Dresde, sur l'Elbe. Ce travail fut favorisé par la retraite des alliés qui continua la nuit suivante. Les troupes de Neustadt et des environs s'éclaircirent peu à peu, et le matin du 10 mai, on n'y apercevait plus que quelques bandes de cosaques. Les généraux russes Ulanow, Saint-Priest et Miloradowitsch, ne quittèrent Neustadt que dans la nuit.

Bonaparte pressa avec la plus grande activité le passage de l'Elbe. Il passa une partie de la journée sur le pont dont il confia le rétablissement à son adjudant, le colonel Bernard. A l'aide de grandes échelles à feu, l'infanterie légère grimpa le long de la partie du pont qu'on avait fait sauter, et en redescendit pour s'assurer des environs de Neustadt. Bonaparte lui-même, avec tout son état-major prit part à cette escalade pour s'assurer de l'état du pont. Quelques canons furent placés dans de vieux bacs qu'on avait trouvés. Il promit un napoléon d'or pour payer le passage de chaque bateau. Tout le jour, et la nuit suivante furent employés à la construction du pont que l'on pressait vivement, et dans l'espace de vingt heures, sept palées de bois furent affermies et couvertes, de manière que le 11 mai au matin, vers dix heures, toute l'armée du vice-roi et même son artillerie purent y passer. La promptitude de cette opération remplit Bonaparte de bonne humeur; il ne quitta presque pas de tout le jour le pont sur lequel il vit passer les troupes du vice-roi, celles du général Bertrand, et une partie du corps de Marmont. Il s'assit commodément sur un banc de pierre, tournant les yeux vers ses chers canons, et ses enfans indisciplinés qui, faisant retentir l'air de leur *vivat*, portaient alors la misère et le désespoir de la rive gauche sur la rive droite de l'Elbe.

Le roi de Saxe, qui se trouvait encore à Prague, fut, immédiatement après l'arrivée de Bonaparte à Dresde, informé de tout ce qui se passait par la commission immédiate du gouvernement. Bonaparte l'avait pressé par écrit et de vive voix, de quitter Prague pour revenir dans sa capitale. La triste situation du pays, et de sa résidence même, tous deux en proie aux actes arbitraires et aux extorsions de l'armée française, fit une profonde impression sur le cœur de ce bon père. Il se décida en conséquence, à la fin, à consoler et à encourager ses sujets par sa présence, en cédant à leurs vœux, et en revenant à Dresde. Il y avait aussi alors grande apparence que la cour d'Autriche allait se déclarer pour la cause des alliés. Mais son armée n'était pas encore en état de prendre sur-le-champ une part active à la guerre, et jusqu'à cette époque, la Saxe demeurait toujours un pays abandonné : si, comme cela était déjà arrivé, par un triste effet des relations subsistantes, elle continuait d'être dévastée par les Français, elle pouvait alors accuser en secret son chef d'avoir négligé une tentative pour son salut.

On doit croire que ces considérations déterminaient le cœur paternel du roi au retour à Dresde. Tout délai de sa part eût irrité le despote, et exposé ce malheureux royaume à toute la colère de Napoléon. Le roi voulut donc réellement faire un sacrifice à son pays, quoique l'asservissement de ses troupes aux ordres des Français donnât à sa résolution l'apparence de l'égoïsme. A la vérité, il a été traité en ami par l'homme de notre siècle qui a le plus sacrifié à cette passion. Le monde entier n'en sait pas moins combien elle répugne au cœur de Frédéric-Auguste; et la postérité, en le plaignant, saura le juger avec impartialité.

Le retour du roi s'opéra avec lenteur. Soit qu'il fût réellement retardé par la faiblesse de l'âge, et par une indisposition, ou soit qu'il comptât déjà de la part de la cour d'Autriche sur des déclarations et des démarches capables de protéger son royaume, on alla près de deux jours de suite inutilement à sa rencontre. Enfin le 12 mai, il arriva à Dresde, au milieu d'une solennité qu'avait ordonnée Napoléon. L'orgueil de ce potentat était sur-tout flatté de décider du sort des princes. Il voulait donc, en ce jour, paraître comme le restaurateur victorieux d'un souverain allemand qu'il protégeait, et il rassemblait, dans cette intention, autour de lui, tout ce qui, dans la circonstance, pouvait rendre son armée imposante, et lui donner de l'éclat. Les Gardes faisaient la parade, depuis le château jusque devant la ville, et la cavalerie, rangée en dehors du camp de Pirna, sur le côté de la route, était en mouvement.

Elle foulait cette récolte naissante, si belle en espérance, et qui nous eût été si nécessaire dans l'année de disette qui suivit. Elle consistait en chasseurs, en grenadiers, en dragons, en lanciers-polonais, les meilleures troupes de cette arme, et dans la gendarmerie d'élite. L'artillerie volante de la Garde était postée à l'extrémité de l'aile, vis-à-vis Grunau.

Napoléon régla lui-même la disposition de l'armée, et lorsque tout fut en ordre, il envoya un officier au roi de Saxe, qui attendait à cheval et peu accompagné, à la porte du grand jardin, afin de l'inviter à se rendre sur un des petits ponts de la route venant de Pirna, où il se proposait d'embrasser ce prince, et où il le reçut en effet. Le roi éprouvait un sentiment de joie en revoyant sa capitale. Mais ce sentiment ne pouvait étourdir la douleur que lui causait la rigueur des souffrances de son royaume. Ayant mis pied à terre à quelque pas en avant du lieu du rendez-vous, il fut accueilli par Napoléon qui le conduisit dans la ville au bruit du canon, au son des cloches, et aux acclamations des troupes. Napoléon dit à la députation du conseil qui vint recevoir les monarques à l'entrée de la ville, qu'elle avait obligation aux sentimens et au retour du roi, de la modération avec laquelle on la traitait. La joie de revoir, comme protecteur, dans les murs de Dresde, un souverain bien-aimé, étouffa pour le moment la douleur que causaient les maux présens, et la triste perspective de l'avenir. On croyait que les souffrances qu'on endurait, et que l'affluence extraordinaire de troupes innombrables faisait peser de nouveau sur le pays, depuis le commencement du printemps, prendraient bientôt fin, et se termineraient par un résultat quelconque, peut-être, par la paix, sur les rives de l'Oder et de la Vistule. La Saxe était impuissante pour protéger les propriétés de ses habitans, par leurs propres forces. On s'y abandonnait donc peu à peu à cette insensibilité qui s'empare de l'habitant d'une paisible cabane, lorsqu'il voit le peu qu'il possède détruit par un incendie qu'on ne peut arrêter. C'était sur-tout la position des villages situés sur la route de l'armée, où ce débordement de troupes parut long-temps anéantir toute espérance pour cette année.

Les patriotes saxons attribuaient avec raison les malheurs qui s'étendaient sur toute la Saxe, à la trouée prématurée des Français dans le nord. C'était pour eux une désolation de voir nonseulement une grande partie de leur patrie incendiée de nouveau par des hordes indisciplinées, mais même leur roi si respecté, et dont les sentimens pacifiques répugnaient à un état de choses si extraordinaire, et si fatal au pouvoir, et dans les mains d'un homme qui, attaché à ses détestables plans avec une tenacité inébranlable, ne s'inquiétait pas que des provinces entières, des millions de leurs habitans devinssent les victimes de ses folies ; et cependant on ne pouvait rien changer à cette position. Nous vîmes donc le roi rappelé dans sa capitale par l'enfant gâté de la fortune; et de ce moment, son impérieux ami, en même temps que la protection qu'il accordait à ce prince servait à manifester le pouvoir du protecteur, s'étudia à lui témoigner les attentions les plus recherchées qu'il eût jamais montrées à un prince allemand son allié. Les preuves antérieures d'estime qu'il avait données au roi pendant son séjour à Paris, et depuis, dans beaucoup de circonstances, ne contribuaient pas peu à imprimer un caractère de franchise à des relations amicales, plus fondées sur la politique, à l'époque dont nous parlons, que sur les sentimens du cœur. Napoléon, qui avait toujours son but devant les yeux, s'empressa aussi dès-lors de faire savoir au roi tout ce qui pouvait lui être agréable ou le consoler, et lui procurer quelque tranquillité d'esprit sur le sort de son royaume. Aucun dimanche, aucune fête ne se passait, sans que Napoléon entendît la messe avec gravité. Si l'armée faisait le plus petit progrès, le roi de Saxe en était aussitôt instruit. Dans toutes ses allées et venues pendant le cours de la campagne, Bonaparte ne manqua jamais, avant tout, de voir lui-même, ou de faire saluer le roi de sa part. A cette amabilité que Napoléon savait, quand il le voulait, déployer de la manière la plus séduisante, se joignit bientôt la profonde impression qu'il produisit sur le roi, sur sa famille, et sur les habitans, le jour de la bataille devant Dresde, lorsqu'accouru de la Silésie, par une marche précipitée, et après avoir observé la redoutable armée de ses ennemis, il l'attaqua avec ses troupes en grande partie épuisées, mais d'un courage à l'épreuve, et la mit en déroute. Cette dernière faveur de la fortune, que l'on peut comparer au chant du cygne, de cette fortune dont on pouvait bien pressentir le déclin, sans cependant pouvoir que difficilement le regarder comme certain, tant que les armées de ses maréchaux n'étaient point détruites, avait, en quelque sorte, imposé au roi de nouvelles chaînes. Il en résulta que quand, à la fin, la fortune châtia la témérité, fidèle à ses promesses, le roi de Saxe fut le dernier à rompre ses liens avec Napoléon ; il ne s'y détermina qu'à l'époque où son devoir envers ses sujets, lui imposant celui de rester dans son royaume, lui prescrivit en même temps d'avoir recours à la magnanimité et à l'équité des alliés victorieux.

Napoléon séjourna jusqu'au 18 mai à Dresde. Il eut plusieurs entretiens avec le roi. Il examina avec attention les environs de la ville, sur-tout

Ubigau, où une canonnade se faisait entendre. Il passa en revue différentes divisions de troupes à leur arrivée, et il obtint du roi de Saxe deux régimens de cuirassiers en remplacement de ceux qu'il avait détruits depuis sa retraite de Moscou. Il commençait alors à sentir le prix de chaque cavalier en état de servir (1).

---

(1) Napoléon avait pour habitude de visiter en détail le champ de bataille, après l'affaire, toutes les fois que le temps le lui permettait. Il semblait, en examinant les positions qu'avait occupé l'ennemi, vouloir s'instruire de ses forces, et pénétrer ses plans. Il s'arrêtait avec intérêt sur certains points du terrain qui paraissaient le frapper, ou auprès des ennemis morts ou blessés. Je l'ai vu faire descendre de cheval son chirurgien auprès des Russes qui donnaient encore quelques signes de vie, pour voir s'il était possible de la leur conserver. En Silésie, il dit un jour, dans une semblable occasion : *S'il est sauvé, il y en aura un de moins.* (Il sous-entendait; *qui me haïra personnellement, ou dont j'aurai causé la mort*), et il donna l'ordre à l'un des officiers qui l'accompagnaient, de rester pour faire transporter le blessé dans le village. Par ces fausses démonstrations de sensibilité, il donnait à entendre que la nécessité seule le forçait à sacrifier la vie de tant d'hommes. On aurait pu croire, du moins, que quelque mauvais génie l'y poussait malgré lui. Autrement, comment eût-il pu demeurer insensible à tant d'autres maux qu'il causait ? Lorsque Napoléon parcourait le champ de bataille, les morts français étaient, d'ordinaire, déjà enterrés; et les blessés de

Tome I. 6

Le 12 mai, les Russes avaient pris Bischofs-Werda d'assaut, et les Français y avaient mis le feu en plusieurs endroits. Le maréchal Ney, avec son corps, avait passé l'Elbe près de Torgau. Il marchait en avant sur Berlin, et avait l'ordre, en suivant la rive droite, de se porter sur Spremberg et Hoyers-Werda. Ce ne fut que le 15 au soir qu'il arriva un aide-de-camp de ce maréchal, pour apporter des nouvelles à Bonaparte. Aussitôt après son arrivée, l'on fit des préparatifs pour le départ du quartier général. Cependant, le 16 au soir, le général autrichien comte Bubna eut encore auprès de Napoléon une audience qui se prolongea jusqu'à deux heures après minuit. Il est probable qu'il résultait des communications de ce général, que la cour d'Autriche était moins disposée que jamais à faire cause commune avec Bonaparte; mais celui-ci se flattait toujours de gagner cette puissance par de brillantes promesses, et il ne renonça

---

cette nation enlevés. On savait sûrement que l'aspect de ses pertes lui était très-désagréable. J'ai vu le prince de Wagram (Berthier) donner souvent des marques de compassion à l'aspect des blessés, et charger des officiers de son état-major de les faire soigner; ce qui n'empêchait pas que, dans d'autres circonstances, il ne parlât avec une révoltante indifférence des horreurs de la guerre comme de maux inévitables.

à cet espoir qu'après la dénonciation de l'armistice.

Lorsque, le 18, Bonaparte quitta Dresde, il était, comme de coutume, à cheval, environné de ses maréchaux, de ses aides-de-camp, et d'une suite nombreuse. Le roi l'accompagna jusqu'au-delà de l'endroit dit *le Bain*, sur la route de Bacolzen. La chaleur était excessive, et l'on étouffait de poussière. Napoléon était seul en avant, plongé dans de profondes réflexions. Après quelque temps, il appela le grand écuyer Caulincourt, et ne s'entretint qu'avec lui ce jour-là, pendant la marche, qui fut de trois milles (six lieues). Ce diplomate consommé paraissait souvent posséder sa confiance plus que le duc de Bassano (Maret). Son grand dévouement et son attention sur toutes les parties du service personnel de Napoléon, attention qui s'étendait jusqu'aux moindres détails, lui avait acquis le droit de parler à son maître avec une certaine franchise; et je crois qu'avec le jugement froid et sain qu'on lui connaît, il ne manqua pas de représenter à Bonaparte tout ce qu'il avait à craindre, tant des dispositions de l'Autriche, que du plan adopté par les ennemis, d'employer leurs troupes légères à inquiéter les derrières et les flancs de l'armée française. Mais l'on sait que Napoléon, se fiant à son étoile et à son génie, n'écoutait jamais les avis ni les remontrances, et qu'il hasardait tout, dans la persuasion que ses ennemis commettraient de grandes fautes. Ce fut ce qui arriva sur-tout pendant la seconde moitié de la campagne, lorsque les Autrichiens se furent déclarés. *Vous verrez*, disaient ceux des confidens de Bonaparte qui abondaient dans son sens, *vous verrez qu'ils commettront des fautes ; nous tomberons sur eux, nous les écraserons.* J'ai même entendu dire : *Ils n'ont point de systéme.* Combien ils se trompaient, ces hommes gâtés par les faveurs que leur avait long-temps prodigué la fortune !

Le 19 mai, de bon matin, le quartier général partit de Hartha, où Bonaparte avait passé la nuit, et se rendit à Klein-Forstgen, à une lieue en deçà de Bautzen, sur la route de Dresde. Lorsque Napoléon ne vit qu'un monceau de cendres et de ruines à l'endroit où avait existé Bischofs-Werda, il fut profondément ému du spectacle des malheureux habitans pleurans sur les décombres fumans de leurs demeures. Il prit des informations exactes, par lesquelles il s'assura que la ville avait été incendiée par les Français. Caulincourt, qui ne lui cachait aucun des excès de ses troupes, lui prouva que ce malheur ne pouvait nullement être imputé aux Russes. Dans un premier mouvement de générosité, Bonaparte promit de réparer les pertes des habitans, et il ordonna que, le soir même, les députés de la ville se rendissent au quartier général, pour lui présenter un état des dommages. Les députés se présentèrent ; mais les événemens des deux jours suivans l'empêchèrent de les recevoir et de leur faire parvenir une résolution. Plus tard, lorsque Napoléon passa à Bischofs-Werda, à son retour de Silésie, il se souvint de sa promesse ; mais il paraît que sa caisse n'était pas en état de faire les fonds nécessaires pour rebâtir une ville de quelques centaines de feux ; et, comptant sur la générosité du roi de Saxe, et peut-être aussi sur les institutions qui existent dans le pays, il se contenta de faire assigner à la ville une indemnité de 100,000 livres. Comme les habitans avaient sauvé en Bohême une grande partie de leurs effets, et qu'ils reçurent beaucoup de secours de la nation saxonne, la plupart d'entr'eux purent se tirer de la misère où les avait plongés l'incendie. Mais on ne peut penser, sans frémir, au terrible spectacle que présentaient ces maisons incendiées, au milieu de leurs impitoyables destructeurs.

Napoléon se rendit aux postes les plus avancés, pour reconnaître la position de l'armée ennemie. Le premier point qu'il visita fut une colline rocailleuse, qui se trouvait à une portée de fusil d'un poste de cosaques. Toute sa suite resta en arrière, et Napoléon s'avança, accompagné seulement de quelques-uns de ses généraux et de ses aides-de-camp. Pendant que les cosaques, qui avaient mis pied à terre, faisaient paître les chevaux, selon leur usage, Bonaparte, à cette distance si rapprochée de l'ennemi, formait son plan pour l'attaque du camp retranché de l'armée principale, qui occupait là des champs en forme de terrasse, entre Bautzen et Hochkirch, ayant en front la Sprée, sur son aile gauche des collines boisées près de Kunewald, et sur son aile droite les hauteurs près Klein-Bautzen : elle occupait la ville de Bautzen et toute la rive droite de la Sprée, depuis les hauteurs près de Ober-Gurig jusque près de Malschwitz et de Klix. L'intention de Napoléon paraissait être d'abord de diriger son attaque principale contre l'aile gauche des alliés, parce que l'infanterie qu'il était à même de jeter dans les bois et les hauteurs pouvait lui être d'un grand secours; mais il fut détourné de cette idée, en réfléchissant aux enfoncemens qui se trouvent dans les montagnes près de Kunewald, et qui, en se prolongeant dans la plaine, coupent les chemins sur lesquels il eût fallu passer pour arriver au point d'attaque: il paraît qu'après avoir examiné plus soigneusement le terrain, il forma le projet de tourner l'aile droite des alliés, qui, ce jour-là encore, avaient près de Klix des détachemens au-delà de la Sprée, et se trouvaient en communication avec les corps dirigés sur Kœnigswartha, sous les ordres des généraux Barclay de Tolly et York. Après avoir continué sa reconnaissance sur trois autres points (sur la hauteur près Salzforstgen, sur la montagne de Schmochtitz, et au moulin de Lobsau près Klein-Welke), Napoléon rentra au quartier général, où il arriva vers sept heures. Cependant, la canonnade que l'on avait déjà entendue, l'après-dîner, dans la direction de Kœnigswartha, devenait plus vive, d'un moment à l'autre; à huit heures, il monta brusquement à cheval, et s'avança jusqu'à Klein-Welke. Selon l'usage, on alluma sur-le-champ un grand feu de bivouac avec des troncs entiers. Napoléon se fut bientôt convaincu, tant par la canonnade que par un incendie que l'on apercevait, que Ney et Lauriston étaient engagés dans une affaire sérieuse. Le feu continua jusques bien avant dans la nuit, et Barclay de Tolly et York avaient fait éprouver sur ces points, des pertes considérables aux Français; au quartier général même de leur armée, on évalua, le lendemain, la perte à deux mille hommes et onze pièces de canon. Bonaparte fit dire depuis au roi de Saxe que la division italienne, sous les ordres de Ney, que l'on avait crue perdue, était sauvée. Le fait est que, si la plupart des Italiens s'étaient sauvés, c'était par la fuite, en Bohême (1).

---

(1) Dès le 18 au soir, ce corps étant en fuite, avait

Napoléon se retira à minuit, afin de réparer ses forces par quelques heures de sommeil, pour se préparer à une journée qui devait être sanglante.

Les événemens du 20 mai furent, en quelque façon, le prélude de la bataille de Wurschen ou de Bautzen, puisque le passage de la Sprée, dont

---

voulu faire sa jonction avec le maréchal Ney, qui s'avançait de Hoyerswerda sur Weissemberg, par Kœnigswartha. Le 19, cette jonction devait être opérée par une division d'Italiens, qu'on disait être forte de sept mille hommes, et qui devait favoriser le mouvement du maréchal Ney. Les Italiens arrivèrent à midi, sans cavalerie, à Kœnigswartha : il y a apparence qu'ils négligèrent leurs avant-postes, et que, selon leur habitude, ils songèrent plus à se reposer et à se restaurer qu'à se garder. Ils furent surpris par un corps considérable de Barclay-de-Tolly (qui s'avançait du côté de Radibor), et entièrement détruits. Une bonne partie de ceux qui ne furent pas pris ou tués, se sauvèrent en Bohême, à travers les forêts. L'artillerie et les munitions tombèrent entre les mains de l'ennemi. Quelques heures plus tard, Ney déboucha un peu plus bas, venant de Sœrigen, et s'avança sur Steinitz et Weissig, où le général York le reçut vigoureusement. Les Prussiens combattirent comme des Spartiates, et firent reculer trois fois les Français ; mais enfin après avoir tué plusieurs centaines d'hommes aux Français, ils se replièrent sur leur grande armée. Si Ney fût arrivé quelques heures plus tôt, les Italiens étaient peut-être sauvés.

le rivage est fort escarpé, et le mouvement concentrique du maréchal Ney, préparèrent l'attaque du lendemain. Après neuf heures, Napoléon monta à cheval, et se rendit de nouveau sur la hauteur de Schmochtitz, site d'où, comme général, il pouvait jouir du spectacle imposant qu'offraient les colonnes en se portant en avant, et en se formant sur le terrain.

A onze heures passa la division de cavalerie Latour-Maubourg, avec un train d'artillerie imposant, pour renforcer à Dubrau l'aile droite qui était obligée de passer la Sprée à Malschwits. Une seconde colonne se forma, près Malsitz et Oehna. Le maréchal Oudinot fit près de Grubschitz une fausse attaque sur l'extrémité de l'aile droite; puis il passa la Sprée. Les troupes soutinrent un combat très vif près de Sonnenberg; mais l'après dîné elles avancèrent par Wilthen sur Postwitz par Sinkwitz vers Mehlstheuer et Traumberg. Un village en feu du côté de Lomske, indiquait la marche des corps du maréchal Ney et du général Lauriston, qui avançaient du côté de Kœnigswartha, en suivant les généraux Barclay de Tolly et York. Ces derniers, ne pouvant pas empêcher les Français d'avancer, se réunirent à la grande armée des alliés. Napoléon parut très-content, lorsque la jonction du maréchal Ney fut effectuée, et il vit avec plaisir que vers trois heures après midi l'armée passait le fleuve. Mais le but n'était pas encore atteint; car les alliés étaient encore en possession de hauteurs sur la rive droite, et ils occupaient entre Bautzen et Hockirck des positions munies de plusieurs retranchemens sur lesquelles ils étaient des deux côtés très avantageusement appuyés. Ils avaient d'abord paru vouloir défendre Bautzen, car ils en avaient barricadé les portes et les avenues; mais comme cette ville qui peut être tournée de tous côtés n'était pas susceptible d'une longue résistance, ils l'abandonnèrent, et les Français l'occupèrent vers le soir. L'armée française du reste n'avançait que très lentement; les Russes se retiraient dans le plus grand ordre, et tenaient leur aile gauche exactement appuyée contre les montagnes près de Kunewalde, et les hauteurs de Méhltheuer et de Dœlen. Le combat dura jusqu'à la nuit tombante. Napoléon, pour garantir son infanterie contre les attaques de la cavalerie alliée, fit former des carrés, et l'armée bivouaqua au-delà de Bautzen, derrière Auritz, Nadewitz et Burk. Nieder-Kaina et Nieder-Gurig et les villages situés plus bas sur la Sprée, n'étaient point encore occupés par les Français; mais sur leur aile droite, ils étaient maîtres des hauteurs près Mehltheuer et Ebendœrfel (selon quelques cartes Beikowitz). Le quartier général fut établi à Bautzen même.

Le 21 mai, au lever du soleil, on vit l'armée française en présence des alliés sur une ligne de plusieurs lieues, et qui passait par Ebendœrfel et Strehla vers Basankwitz ou Nieder-Gurik dans la même direction que la ligne qu'ils occupaient la veille au soir. Ces derniers couvraient la grande route de Zittau et celle de Gœrlitz; leur aîle droite formée de Prussiens, était garantie par les hauteurs de Klein, Klein-Bautzen, et dépassait Burschewitz et Preititz. Leur aîle gauche, formée de Russes, était appuyée contre les montagnes. L'attaque du centre de cette position eût été trop meurtrière pour les Français ; Napoléon fut donc obligé d'attendre que le maréchal Ney eût achevé de tourner l'aîle gauche. Il fit continuer sur le centre une canonnade peu vive jusqu'à midi, et l'on se contenta de se disputer quelques villages dont la position ne décidait rien, parce que les alliés étaient encore appuyés par les montagnes couvertes de forêts. Ceux-ci sentirent la nécessité de garantir leur extrême gauche contre des troupes qui eussent pu déboucher par la vallée qui conduit de Postwitz à Hochkirch par Pilitz, Dœlen et Rachlau. Le maréchal Oudinot les entretint dans cette appréhension. Il profita des broussailles pour faire attaquer plusieurs fois par son infanterie légère les hauteurs près Mehltheuer. Mais un corps considérable de Russes, détaché de grand matin comme renfort, avait occupé la vallée près Pilitz et les hauteurs de Dœlen et de Mehltheuer, après avoir repoussé à la bayonnette les carrés français jusque près Traumberg, de manière que depuis huit heures du matin, jusqu'à la nuit, les Russes restèrent maîtres de ce défilé, et des hauteurs de Kœnitz, de Mehltheuer, Pilitz et Dœlen. Si les alliés avaient connu l'intention de Napoléon, ils n'eussent peut-être pas concentré des forces si considérables sur ce point; il est vrai que l'armée française fut débordée par cette opération; mais aussi plusieurs régimens de cavalerie alliés restèrent inactifs sur ce terrein montueux.

Quelques régimens de cavalerie russe qui se trouvaient dans la plaine de Jenkwitz devant le chemin creux, près duquel Napoléon avait visité les avant-postes le matin, se retirèrent sous leurs batteries, dès que l'artillerie française eut occupé les hauteurs de Nadelwitz, et là il n'y eut aucune attaque décisive. Après une heure on entendit les premiers coups de canon du maréchal Ney, qui se portait en avant vers Baruth. Napoléon, en attendant l'issue du mouvement de Ney, qui devait décider du sort de la journée, était resté couché par terre en prenant son déjeuner, pendant lequel une obus creva au-dessus de lui. Il était convaincu d'avance du gain de la bataille. Il se porta alors (1) avec beaucoup de célérité plus sur la gauche; sur

---

(1) C'est dans ce moment, dit-on, qu'il dépêcha un officier d'ordonnance à Marie-Louise, pour lui annoncer la victoire.

une hauteur en avant de Nieder-Kayna, d'où il pouvait découvrir chacune des différentes têtes de montagnes, près de Klein-Bautzen, qui formaient la clef de la position de l'ennemi. Le maréchal Soult, qui, ce jour-là commandait le corps du général Bertrand, et qui avait déjà des instructions de Dresde, devait enlever ces hauteurs : il fallut les prendre une à une à la bayonnette : depuis trois heures et demie, elles furent plusieurs fois prises et reprises; à la fin les Français, après avoir éprouvé une perte très considérable, en restèrent les maîtres.

Comme la plupart de ces collines sont très-étroites à leur sommet, on ne pouvait y placer que peu d'artillerie, et le transport en était extrêmement pénible. Ce combat sanglant, le plus opiniâtre de la journée se réduisait donc presque uniquement à des charges à la baïonnette ; l'infanterie montait à l'assaut en poussant des cris forcénés ; les troupes wurtembergeoises eurent une grande part à cette affaire. Cet avantage, et l'arrivée par Baruth du corps de Ney, dans lequel se trouvaient les Saxons sous les ordres du général Reynier, décidèrent la journée. L'armée alliée était tournée sur son aile gauche et même en partie sur ses derrières; ses retranchemens établis seulement dans la direction de son front, du côté de Bautzen étaient menacés et rendus inutiles : elle fit une retraite que l'on peut appeler un chef-d'œuvre de tactique, et profita encore tout en se retirant de tous les avantages que lui offraient les montagnes sur sa gauche.

Malgré les chemins presque impraticables dans un terrain coupé; quoique les lignes alliées eussent été en quelque façon roulées sur le centre, les Français ne purent parvenir ni à cerner une partie de leur armée, ni à prendre de leur artillerie. Tout l'avantage des Français était d'avoir chassé l'ennemi des routes qui conduisent en Silésie, avantage qu'ils achetaient par une perte double peut-être de celle des alliés. On ne voyait ni transports considérables de prisonniers, ni artillerie conquise. Depuis deux heures et demi le combat était général sur toute la ligne, et Napoléon, selon sa coutume, dès que l'avantage fut décidé, fit avancer ses troupes avec impétuosité. Assis sur une chaise, du haut d'un tertre près de Nieder-Kayna, au moment où la dernière colline près Klein-Bautzen, eut été emportée, vers les cinq heures du soir, il dirigeait la jeune Garde et la division Latour-Maubourg sur Krekwitz; d'autres colonnes d'infanterie dans la direction de Klein-Burschwitz, et pressait tous les mouvemens, afin d'obtenir un grand résultat; mais l'ennemi conserva la contenance la plus froide; et Bonaparte avait trop peu de cavalerie pour poursuivre ses avantages. C'était un spectacle épouvantable, mais admirable en même temps, que celui de ces colonnes se précipitant dans la vallée de Nieder-Kayana, pour préparer de nouveaux désastres à l'ennemi, de plusieurs villages en flammes, de cette nombreuse artillerie sur une étendue de près de trois lieues depuis les hautes montagnes, à l'aile droite, jusqu'à l'aile gauche près Preititz et Baruth. A six heures du soir, la cavalerie de réserve se porta encore en avant pour couper une division ennemie près Rischen; mais ce mouvement n'eut pas de succès : les Français ne purent pas remporter de brillans trophées de cette journée. La cavalerie légère, qui connaissait parfaitement un terrain qu'elle occupait depuis plusieurs jours, se portait par-tout, et assurait la retraite de la grande armée. Encore bien avant dans la nuit, il y avait de la cavalerie et de l'artillerie alliée sur les hauteurs de la route de Lobau, et ce ne fut que le lendemain matin que les derniers cosaques filèrent sur Löbau, en suivant les hauteurs près Kœnitz, par Kunewalde, où il y avait eu un corps d'observation russe.

Si Napoléon n'eût pas été supérieur en forces aux alliés, le mouvement du maréchal Ney n'eût pas pu s'effectuer, et il eût fallu bien plus de temps, il en eût coûté bien plus de monde pour forcer leur excellente position. Bonaparte avait peut-être cent quatre-vingt mille hommes présens à cette journée, tandis que, suivant plusieurs rapports, l'ennemi n'en avait que cent cinquante mille tout au plus. La perte fut, de part et d'autre, moins considérable qu'à Lützen ; car le combat ne fut très-meurtrier qu'à l'attaque et à la défense des hauteurs de Klein-Bautzen, ainsi que près Mehltheuer et Pilitz, où les Bavarois entr'autres combattirent avec une grande bravoure.

L'on peut admettre, je crois, que les Français eurent cinq à six mille morts dans les deux dernières journées : leurs rapports articulent quatre à cinq mille blessés ; mais ces blessés, ou ne survivaient guère à leurs blessures, ou ne pouvaient plus servir au sortir de l'hôpital. On dit que l'on logea plus de vingt mille blessés français, soit à Bautzen même, soit dans les environs : cette perte est plus que double de celle des alliés, qui, protégés par leurs belles positions, opposèrent à l'attaque des Français le feu le plus meurtrier. Je n'ai pas entendu dire qu'aucun général ou aucun officier de marque eût été tué (1).

---

(1) C'est à cette époque que l'on commença à transporter les blessés français sur des brouettes : plus tard, en octobre, lorsque Napoléon abandonna la rive droite de l'Elbe, on vit reparaître ces moyens de transport. L'épuisement complet des contrées occupées par l'une et l'autre armée ne permettait pas de se procurer le nombre suffisant de voitures pour le service ; souvent on prenait les chevaux à leur arrivée pour les donner aux bataillons du train. Aussi voyait-on tous les jours

Le maréchal Ney établit la nuit suivante son quartier à Wurschen, où avait été la veille le quartier général des souverains alliés, et Napoléon fit dresser sa tente contre l'auberge de Klein-Burschwitz; sa suite et sa Garde bivouaquèrent dans les environs. Le lendemain, à la pointe du jour, le brouillard n'était pas encore dissipé, qu'il se mit en route pour accélérer la marche de son armée. Les alliés continuaient leur retraite dans le plus grand ordre; ils ne négligeaient aucune des ressources que leur offrait le terrain qu'ils disputaient pas à pas avec un sang froid admirable. Lorsque les Français parvenaient à les débusquer d'un poste, ce n'était qu'après avoir perdu beaucoup de monde par le feu de l'ennemi, et après que les alliés avaient mis en sûreté leur artillerie et leurs bagages : les hauteurs le long de la route de Gœrlitz leur offraient de

---

plus de mille brouettes régulièrement rangées en files, et escortées par la gendarmerie saxonne, s'acheminer vers Dresde, chargées de blessés : les soldats qui ne l'étaient que légèrement, ne pouvant, à cause de la foule qui y affluait journellement, séjourner à Bautzen, étaient injuriés et renvoyés par les employés des hôpitaux de Dresde. Ils étaient obligés d'aller jusqu'à Wilsdruf-Nossen, etc. pour tâcher de trouver des administrateurs moins durs. On assure que beaucoup d'Italiens de la division dispersée à Kœnigswartha s'étaient tiré des coups de fusil dans les mains, afin de se rendre impropres du service.

Tome I. 7

grandes ressources. A la pointe du jour, ils occupaient encore les hauteurs de Kotitz et de Weissemberg. Les Saxons, qui avaient joint le maréchal Ney, en passant par Baruth, se trouvaient à Nechern; l'avant-garde française devait, avant tout, déloger l'ennemi des hauteurs près de Kotitz, et de celles qui avoisinent Roth-Kretscham. Le combat devint de plus en plus sérieux. Les hauteurs de Schœps, et sur-tout celles de Reichenbach, semblent destinées par la nature à couvrir une retraite. La cavalerie française tourna les premières, en avançant par Nostitz et Wasser-Kretscham; mais les alliés avaient choisi très-prudemment, comme point essentiel pour protéger leur retraite, la hauteur qui, immédiatement derrière Reichenbach, s'élève sous un angle de huit à dix degrés. L'artillerie nombreuse dont ils l'avaient garnie vomissait la mort dans les rangs français, et battait toutes les avenues de la ville et des environs. L'infanterie légère, sous la protection de ces pièces, occupait Reichenbach et le terrain autour de cette ville; elle ne se retira que lorsqu'elle se vit entièrement tournée sur son aile gauche. La nombreuse cavalerie qui se trouvait en bataille à la droite des batteries russes, empêcha, pendant quelque temps, la cavalerie française d'avancer; mais Bonaparte envoya, sur ce point, presque toute la cavalerie de la Garde, sous les ordres du général Walther, qui, après plusieurs charges, parvint à faire reculer les Russes.

Cependant le canon avait fait éprouver une perte considérable aux Français; le terrain était couvert de morts et de blessés: les cavaleries française et saxonne souffrirent le plus dans cette occasion; les mamelucs et les lanciers de la Garde avaient pris part aux charges. Les dispositions, pour la défense de cette hauteur, font le plus grand honneur au commandant de l'arrière-garde russe.

La route de Reichenbach, qui va déboucher en face de la montagne, la tourne au sortir de la ville. Le général russe tira parti de la position, jusqu'au dernier instant, et ses troupes ne disparurent que lorsque les Français arrivèrent en masses si fortes, que toute résistance devint impossible. Immédiatement après, on le vit défendre une autre hauteur entre Reichenbach et Markersdorf, où il arrêta la marche des Français. A quatre heures et demie, Napoléon se trouvait à l'avant-garde, au moment où cette montagne derrière Reichenbach fut emportée malgré le feu qui la défendait. Si le glaive de la vengeance ne l'atteignit pas dans ce moment, il dut en rendre grâce à sa bonne étoile; plusieurs boulets vinrent s'enterrer tout près de lui: l'un de ces boulets coucha par terre, à dix pas en avant, plusieurs hommes de l'infanterie légère saxonne.

Cependant les Russes évacuèrent les hauteurs et les bois en avant de Markersdorf. Bonaparte pressait la marche de ses troupes, et fit avancer, à la lueur du soleil couchant, une colonne de cavalerie et deux d'infanterie, en tout à peu près cinquante mille hommes, sur une surface d'une demi-lieue de diamètre. Tous ces grands efforts, dirigés par le génie guerrier de Napoléon lui-même, et continués pendant la duré ed'une longue et belle journée de printemps, n'avaient produit qu'un résultat peu remarquable. Chaque progrès était payé très-cher; et le soir de ce jour lui préparait la perte la plus douloureuse, pour peu qu'il fût capable de la sentir. Après que les Russes eurent évacué Markersdorf, ils prirent encore une seconde fois position sur une hauteur située derrière ce village, et non loin de Rausche; c'est le point le plus élevé de la contrée en avant de Gœrlitz. Il y eut une pause, et depuis trois quarts d'heure on n'entendait pas un coup de canon. Bonaparte, accompagné de sa suite, se rendit par la grande route dans le village de Markersdorf, pendant que les troupes le tournaient des deux côtés. Dès l'entrée de ce village, qui forme un boyau, coupant obliquement une vallée peu profonde, la route se dirige à gauche, en formant un angle très-obtus.

A peine Bonaparte eut-il tourné ce coude, que le premier boulet lancé depuis long-temps le rasa de près, et alla tomber à cinquante pas derrière lui. Quelques minutes plus tard, un des aides de camp apporta la nouvelle que le même boulet avait frappé le grand maréchal Duroc et le général Kirchner, commandant du génie. Ces deux officiers généraux se trouvaient à cheval presqu'à côté l'un de l'autre. Le dernier avait été tué sur la place; mais Duroc, mortellement blessé dans le bas-ventre, vécut encore quatorze heures. On le transporta sur-le-champ dans la maison la plus voisine; une autre, qui s'en trouvait tout près, fut consumée par les flammes, le soir même. Bonaparte, qui ne pouvait cacher combien la perte de l'un de ses plus fidèles serviteurs l'affectait profondément, prit sur la gauche; et, concentré en lui-même, il traversa une petite métairie, mit pied à terre dans les grains, et observa encore, pendant quelque temps, le point d'où était parti le boulet qui l'avait privé de son favori. Il retourna en arrière, en suivant à l'extérieur les jardins du village, et se rendit sur une hauteur en-deçà de Markersdorf, où toute l'infanterie de sa Garde avait formé un carré alongé, au milieu duquel étaient dressées, selon l'usage, les cinq tentes de sa maison, et où les feux de bivouac ne tardèrent pas à s'allumer. Cette soirée offrait une ample matière à la réflexion. Qu'on se représente Napoléon, le soir d'une bataille gagnée, à la vérité, mais dans laquelle il avait prodigué, sans résultat décisif, les forces immenses qui lui étaient confiées. Qu'on l'imagine à l'entrée d'une carrière incertaine, et qui devait être si fertile en résultats importans. Qu'on le contemple privé du confident le plus chéri que cet homme d'ailleurs si peu sensible eût au monde, et qui lui parlait peut-être avec la franchise d'un camarade de collége. Qu'on l'imagine couvert de sa capote grise, assis sur un pliant, au milieu de ses braves, les bras pendans, la tête penchée, isolé de sa suite brillante, qui, à une distance respectueuse, se formait en groupes, dans lesquels on osait à peine articuler que l'ami de Napoléon était sur le point de rendre le dernier soupir. Ce lugubre silence qui régnait tout près du chef suprême, contrastait avec le mouvement des soldats préparant leur repas et leur coucher ; deux troupes de musiciens des grenadiers et des chasseurs de la Garde, aux extrémités du carré, tantôt retraçaient en accords élégiaques les événemens de la journée, tantôt s'efforçaient encore par un choix de leurs meilleures pièces, de faire diversion à la douleur de leur chef. Des milliers de feux de bivouac semblaient errer dans la plaine ; la lune montait lentement sur l'horizon, et les flammes de deux villages en feu s'élevaient vers le ciel (1). Ce tableau, combiné avec le

---

(1) Depuis le 20 au 22 mai, on compta dans la contrée,

souvenir d'une journée sanglante, lendemain d'une bataille meurtrière, dans lesquelles la vie de chacun des individus de cette grande masse d'hommes n'avait tenu qu'à un cheveu ; l'idée que des milliers de victimes soupiraient après la mort, qui seule devait les délivrer de leurs tourmens, et que tous ces maux ne suffisaient point encore pour désarmer l'implacable destin, saisissaient l'ame du spectateur. Ce grand tableau lui offrait la vivante image de la puissance et de la faiblesse de l'homme, de ses gigantesques entreprises et de la nullité de ses efforts. Il pouvait observer alors les mouvemens de cette grande roue de la destinée, qu'on peut contempler avec étonnement, mais que l'on ne peut ni diriger, ni arrêter.

Deux momens, dans cette mémorable journée, eussent été sur-tout d'un grand intérêt pour le peintre d'histoire. Le premier est celui dont je

---

entre Kœnigswartha et Gœrlitz, vingt incendies plus ou moins considérables, causés par la méchanceté, ou occasionnés soit par l'artillerie, soit par l'imprudence. Le 19 on vit brûler Kamina ; le 20, Kamina près Kœnigswartha, Lomske, Fœrstgen, Burk, Rimschitz ; Gœsnitz près Bautzen, Malschitz ; le 21, Auritz, Rabitz, Darentz, Basankwitz, Klein-Bautzen, Kreckwitz ; le 22, Markersdorf, Pfaffendorf ; le 23, trois à quatre villages dans les environs de Gœrlitz.

viens de parler; l'autre est l'instant où, le 21 au soir, lorsque la bataille ayant été décidée par l'occupation des hauteurs de Klein-Bautzen, toutes les masses de troupes se précipitaient dans la plaine vers Burschwitz: Napoléon, assis sur une caisse, observait, la lunette à la main, les mouvemens de l'armée, et attendait avec le calme de la satisfaction l'effet des évolutions qu'il venait d'ordonner.

Ce soir même, Napoléon alla voir son favori en proie aux plus cruelles souffrances. Il était blessé dans le bas-ventre, et tous ses intestins mortellement lésés. Duroc lui-même implorait la mort. La conversation entre Napoléon et lui, telle qu'elle est rapportée dans le Moniteur, est trop sentimentale pour qu'on ne soit pas tenté de la regarder comme apocryphe. On peut douter cependant si les souffrances d'un ami dont la mort certaine lui prépare une perte irréparable, ne peut pas faire, même sur le cœur d'un despote peu accessible à la sensibilité, une impression assez profonde; et si le favori ne peut pas être, ainsi que d'autres, assez aveuglément fanatique de son protecteur, pour que l'on puisse croire à la vérité de la conversation qu'on a publiée (1).

---

(1) Ce qui dans ce dialogue frappe le plus, ce sont ces paroles de Napoléon: *Duroc, il est une autre vie,*

Les hauteurs au-delà de Markersdorf avaient été occupées le soir même ; et le quatrième corps, commandé la veille par Soult, et alors sous les ordres de Bertrand, était rejeté tout-à-fait sur l'aile droite vers le cercle de la Queis. L'armée principale suivait la route de Gœrlitz, et s'empara, le lendemain, de cette ville et des passages de la Neisse. Dès les huit heures du matin, on vit, du bivouac de Napoléon établi près Markersdorf, les flammes qui s'élevaient du pont de bois de Gœrlitz ; toute la rive gauche de la Neisse était maintenant abandonnée par les alliés. Ils défendaient cependant encore les passages de cette petite rivière, autant que le terrain le permettait ; mais les Français établirent cinq ponts près de la ville même (sans parler des autres), au moyen desquels on fit passer un nombre de troupes suffisant pour donner promptement la chasse à l'arrière-garde russe. Les Saxons, sous les ordres de Reynier, se trouvaient en tête de l'armée française. Les troupes bivouaquèrent le long de la route de Buntzlau et de celle de Breslau, et vers midi Napoléon arriva à Gœrlitz, où il resta. Après avoir examiné toutes les routes et tous les passages, il se ren-

---

c'est là que nous nous reverrons ! et celles de Duroc : *Je n'ai rien à me reprocher !* Ces phrases furent sans doute insérées pour faire effet sur le peuple et sur l'armée ferma dans son cabinet, et y passa le reste de la journée, ainsi que le lendemain, constamment occupé. L'avant-garde se portait toujours en avant; et le 24 mai, elle se trouvait déjà à Buntz-lau. Quoique la retraite des alliés fût générale, les cosaques inquiétaient toujours les flancs et les derrières de l'armée française dans les environs de Rothembourg, de Kœnigshain, et même de Reichenbach. Il est reconnu que ces troupes agiles du nord ne furent jamais ou presque jamais atteintes par la cavalerie française que l'on détachait contre elles. Cette dernière était ou trop lourde ou trop fatiguée. La cavalerie française, du reste, n'était pas assez nombreuse, et ne trouvait nulle part des fourrages suffisans. La plus grande disette régnait déjà dans la Haute-Lusace. Quoique la Silésie eût aussi infiniment souffert, les troupes y trouvaient cependant encore plus de ressources pour vivre, que dans la Saxe entièrement épuisée, et sur-tout dans la Haute-Lusace. Bonaparte partit de Gœrlitz le 25 mai à midi, et établit son quartier général à Buntzlau, où ses troupes étaient entrées auparavant; il y resta le 26. Le maréchal Néy avança ce jour-là jusqu'à Hainau, où il perdit quelques bataillons le soir même. Les boulets ennemis avaient complétement rompu quelques carrés de conscrits, l'un desquels fut sabré par la cavalerie prussienne. Le lendemain Napoléon monta à cheval de grand matin, et joignit le maréchal Ney à Hainau, en poussant son cheval d'une vitesse dont on n'avait pas vu d'exemple depuis la journée de Naumbourg : dès qu'il fut arrivé, il visita le champ de bataille de la veille. Lorsqu'il avait de l'*humeur*, à la suite d'un échec, ses généraux s'efforçaient d'ordinaire de *le dérider*, en faisant valoir la perte de l'ennemi. Aussi, lorsqu'il arriva à Hainau, tous les morts français étaient-ils déjà enterrés ; et l'on ne voyait plus sur le champ de bataille que des Prussiens : on lui désigna l'un des cadavres comme celui du lieutenant colonel de Bucholtz, qui avait commandé l'attaque de la veille.

Les Français perdirent dans cette affaire six pièces de canon, et à peu près huit cents hommes, tant tués que blessés. Il est prouvé que jusqu'à cette journée inclusivement, la dernière avant l'armistice où il y eût un combat un peu remarquable, les alliés avaient constamment perdu moins d'artillerie et moins d'hommes que les Français; l'ennemi avait en outre obtenu l'avantage dans de petits combats, en tournant les Français, à l'aide de sa cavalerie, et il avait intercepté leurs courriers et leurs ordonnances. A Rippach, à Lützen, à Kœnigswartha, à Bautzen, à Reichenbach, par-tout enfin, Napoléon perdit plus de monde que les alliés; il ne put se glorifier ni d'artillerie enlevée, ni d'autres trophées, ni de la mort de généraux ennemis. Au contraire, le maréchal Bessière, le grand maréchal Duroc, les généraux Delzons, Gruner, Bruyère et Kirchner avaient été tués (1) ; je suis d'ailleurs persuadé qu'on a passé sous silence la mort de plus d'un officier de marque.

A cette époque, l'armée était composée de douze corps, commandés ainsi qu'il suit :

Le 1er corps (à l'extrême gauche de l'armée, sur le Bas-Elbe), sous les ordres du maréchal Davoust, prince d'Eckmühl.

Le 2e corps (près de Sprottau vers Glogau), sous les ordres du maréchal Victor, duc de Bellune.

Le 3e corps (près de Hainau), sous les ordres du maréchal Ney, prince de la Moskowa.

Le 4e corps (vers Goldberg), sous les ordres du général Bertrand.

Le 5e corps (auprès du maréchal Ney), sous les ordres du général comte Lauriston.

Le 6e corps (près Goldberg), sous les ordres du maréchal Marmont, duc de Raguse.

Le 7e corps (près du maréchal Ney), sous les ordres du général comte Reynier.

Le dernier corps (qui n'avait point encore joint l'armée), sous les ordres du prince Poniatowsky.

---

(1) Delzons et Gruner à Lützen, Bruyère et Kirchner à Reichenbach.

Les 9ᵉ et 10ᵉ corps n'existaient point encore; on devait les former.

Le 11ᵉ corps, sous les ordres du maréchal Macdonald, duc de Tarente.

Le 12ᵉ corps, sous les ordres du maréchal Oudinot, duc de Reggio.

La vieille Garde, sous les ordres du maréchal Soult, duc de Dalmatie, se trouvait toujours auprès de Bonaparte.

La jeune Garde, sous les ordres du maréchal Mortier, duc de Trévise, marchait aussi d'ordinaire près de Napoléon.

La cavalerie de la Garde, sous les ordres du général comte Walther.

L'artillerie de la Garde, sous les ordres du général Dulauloy.

Le 1ᵉʳ corps de cavalerie, sous les ordres du général Latour-Maubourg.

Le 2ᵉ corps de cavalerie, sous les ordres du général Sébastiani.

Le corps d'artillerie de l'armée, sous le général Sorbier.

Le corps du génie, sous les ordres du général Rogniat.

Tous ces corps étaient généralement plus faibles que pendant les campagnes précédentes, où chacun devait communément être fort de trente mille hommes. Le maréchal Ney commandait en Silésie trois de ces corps (les 3ᵉ,

5ᵉ et 7ᵉ), fondus en un seul. La jeune Garde, sur laquelle Napoléon comptait beaucoup, était tantôt sur un point, tantôt sur un autre, pour renforcer un corps, ou pour décider une bataille; la vieille Garde restait toujours auprès de Bonaparte. Les corps de cavalerie étaient composés en majeure partie de cuirassiers et de carabiniers; ils n'étaient commandés qu'en masse. Le reste de la cavalerie était réparti entre les corps des différens maréchaux; cette cavalerie était peu nombreuse.

Les deux régimens des cuirassiers saxons firent constamment partie de la division Latour-Maubourg. Les carabiniers français, qui portaient des cuirasses jaunes et des cimiers rouges, étaient sous les ordres du général Sébastiani; les lanciers-polonais se trouvaient toujours avec la cavalerie de la Garde, composée de toute espèce de cavalerie, excepté de cuirassiers et de carabiniers (1).

Napoléon avait montré beaucoup de sérénité tous les jours précédens: son amour-propre était flatté du spectacle de l'armée des alliés fuyant devant la sienne, et de l'idée de se voir bientôt maître d'une grande partie de la Silésie, où la facilité des subsistances devait favoriser ses en-

---

(1) Je ne fais mention de ceci, que pour désigner jusqu'à un certain point les divisions, sans donner une liste de numéros de régimens, de noms de brigades, etc.

treprises. Il s'informait fréquemment de la distance de Liegnitz et de Breslau; il parlait beaucoup; et en route il fredonnait souvent des fragmens de chansons italiennes et françaises, s'occupant de tous les objets qui le frappaient, comme aurait pu faire un homme libre de tout soin; il examinait des montagnes, des établissemens, des soldats qui commettaient des désordres ou marchaient isolés, etc. Après avoir inspecté le champ de bataille de la veille, accompagné de Ney, il s'avança sur la route jusque derrière Michelsdorf, où il trouva le chemin barré par quelques régimens de la cavalerie ennemie. L'infanterie était encore en arrière, et les Russes s'avancèrent en nombre supérieur, jusqu'à quelques centaines de pas des postes de la cavalerie française. Ils envoyèrent un parlementaire, sous prétexte d'empêcher que les Français ne continuassent d'avancer, mais en effet bien plutôt pour apprendre si Ney avait reçu du renfort depuis la veille ou même pour savoir si Bonaparte ne serait pas arrivé. Le parlementaire ne fut pas reçu, et fut renvoyé dès qu'il se fut présenté aux avant-postes.

La cavalerie ennemie était déjà tout près de Napoléon, que celui-ci restait tranquillement à pied sur la grande route, le dos tourné aux Russes; il fit avancer à peu près douze pièces, et dit, en plaisantant, à Berthier, qui lui faisait observer que l'ennemi s'approchait beaucoup : *s'ils avancent, nous avancerons aussi ;* et plus tard, en faisant allusion aux anciennes batailles de Hochkirch et de Liegnitz : *nous renouvellerons d'anciennes connaissances à Liegnitz.* Cependant les colonnes de l'infanterie française arrivaient ; la cavalerie russe se disposa à la retraite, et après avoir reçu quelques décharges, elle évacua peu à peu toute la contrée jusque derrière Liegnitz. Napoléon manœuvra ce jour-là avec une précision extrême, et avec une rare prudence. Dirigeant lui-même les mouvemens des troupes qui marchaient en avant, il se portait d'une hauteur à l'autre, faisait le tour de toutes les villes et de tous les villages pour reconnaître les positions, et ne laissait échapper aucune des ressources que lui offrait le terrain. Lorsque, pendant un instant, on avait cessé de suivre les mouvemens avec attention, on trouvait la scène changée ; une colonne avait débouché par un chemin creux, par un village, par un bois, et prenait possession d'une hauteur, pour la défense de laquelle une batterie était déjà toute prête. Il exécutait tous ces mouvemens avec un tact extrêmement sûr. Il ne commandait qu'en grand, transmettant en personne, ou par des officiers d'ordonnance, ses ordres aux commandans des corps et des divisions, lesquels en envoyaient à leur tour aux commandans de bataillons. Tous les ordres étaient courts et précis ; et c'est ainsi qu'il les donnait toujours, tant à la cour qu'à l'armée. Jamais personne ne lui demandait d'explication. Si la réorganisation toute récente de l'armée n'eût pas nécessité plus de détails, on eût toujours pratiqué, dans l'armée française, cette méthode expéditive dont on y faisait tout l'usage qu'on peut en faire avec des masses immenses, avant sa destruction en Russie.

Napoléon, après avoir fait avec la plus grande attention la reconnaissance de tous les environs de Liegnitz; après avoir examiné avec soin toutes les issues de la ville, descendit de cheval, vers neuf heures, sur le marché. Si près [de l'ennemi, dans un pays où il ne connaissait ni les hommes ni le terrain, dont il savait la population très-attachée à son souverain et à sa patrie, il croyait probablement devoir ne rien négliger des précautions que la prudence commandait. Les alliés, disait-on, s'étaient portés sur Schweidnitz et Breslau.

Le maréchal Marmont avait l'ordre d'avancer de Goldberg sur Jauer. Le 28, dans l'après-dîner, Napoléon se porta en avant sur la route de Jauer, pour juger, par la canonnade et par la poussière, du résultat qu'avait eu l'exécution de cet ordre. Les corps, à la vérité, étaient maintenant concentrés sur un espace étroit; mais la retraite des alliés sur Schweidnitz, où ils pouvaient s'approvisionner par la Haute-Silésie, rendait plus difficiles, pour les Français, des entreprises dans le cœur du pays : car il fallait, ou compromettre

Tome I. 8

l'aile gauche, ou aller chercher l'ennemi dans des contrées montueuses qui lui donnaient beaucoup d'avantage. Il paraissait d'ailleurs impraticable de maintenir long-temps sur le même point des masses aussi considérables; toutes les provinces sur les derrières de l'armée étaient tellement épuisées, qu'on ne pouvait espérer de s'y approvisionner.

Le lendemain, 29 mai, on remarqua un grand mouvement dans le quartier général impérial. Depuis huit heures tout était prêt pour le départ; la Garde était sous les armes, et cependant les heures se passaient sans que l'on partît. Enfin, après une heure après midi, M. de Caulincourt prit, à cheval et accompagné de son aide de camp, la route de Jauer. Suivant les bruits qui couraient, il était arrivé le matin un parlementaire aux avant-postes du corps de Reynier, et Caulincourt était envoyé pour entamer les négociations. Je ne déciderai point si ce furent les Russes ou les Français qui firent les avances; je ne me fie pas assez, à cet égard, à ce qui se débitait au quartier général. Je me bornerai à rapporter ce que disaient les personnes qui entouraient Bonaparte : elles assuraient que les négociations furent ouvertes par un parlementaire russe, qui se présenta aux avant-postes français. Sans doute, les parties belligérantes devaient, l'une et l'autre, désirer un intervalle de repos, afin de rassembler des forces pour pouvoir continuer la lutte. Si les Russes ont fait les premières propositions, elles devaient être doublement agréables à Napoléon, qui attendait de France des renforts très-considérables. Ses opérations étaient de nature à demander beaucoup de troupes ; et, les renforts arrivés, il pouvait agir avec de grandes masses qui, malheureusement pour lui, manquaient encore de l'instruction nécessaire. Ce qui prouve le besoin qu'il avait de repos, c'est l'espace étroit sur lequel il consentit à se laisser resserrer avec toute son armée, comme nous verrons plus bas. Si les alliés, quoique renforcés déjà par le général Sacken, témoignèrent les premiers le désir de conclure un armistice, ils étaient déterminés par des motifs de même nature : ils pouvaient faire rejoindre les troupes nouvellement organisées, et espérer de voir l'Autriche, qui était déjà sous les armes, prendre une part active à cette guerre, qui, par la seule position géographique du théâtre des opérations, ne pouvait manquer de devenir, à la fin, funeste aux Français.

Après une indécision très-visible, Napoléon quitta enfin Liegnitz à trois heures après midi, et mit pied à terre près d'un bureau de receveur des barrières, du côté de Jauer ; il paraissait très-agité. Il attendait des nouvelles de Caulincourt; enfin il se fit conduire par Bias à Wahlstadt, à ce même Wahlstadt qui, trois mois plus tard, illustra le nom du prince de Blücher. Je crois que Bonaparte ne comptait pas encore sur la réussite des négociations de son envoyé; il avait quitté Liegnitz, tant pour être prêt à tout événement, que pour ne pas laisser soupçonner à l'ennemi combien il désirait l'armistice. Ne sachant pas encore jusqu'à quel point la prudence lui permettait de s'avancer sur la route de Breslau, il s'établit à Rosnig, très-petite ferme qu'on avait déjà pillée : il n'y avait pour son usage qu'une pièce et un cabinet ; et Berthier fut obligé de se contenter, dans un bâtiment en face, d'une espèce de chambre de domestique. Lorsqu'on fit observer à Napoléon qu'il serait très-mal, il répondit : *Eh bien! nous serons à la Pologne.* Les aides de camp et la suite étaient logés dans des chaumières, dans des granges, ou même bivouaquaient dans les jardins attenans. M. de Caulincourt revint la nuit suivante, mais il se remit de suite en route avec un porte feuille : il paraissait donc que les négociations avaient pris une tournure sérieuse. On apprit que le grand écuyer avait eu, à Wahlstadt, une conférence avec le comte Schuwaloff, général russe, et avec M. de Kleist (actuellement comte Kleist de Nollendorf), général prussien. Ces conférences furent renouvelées depuis à Gæbersdorf,

à trois milles de Liegnitz, ainsi qu'à Pleiswig
pendant que le duc de Bassano avait, de son
côté, à Liegnitz, des entrevues avec le général
autrichien comte de Bubna. Des aides de camp
et des officiers d'ordonnance étaient à tout instant
expédiés sur ces différens points, et il n'y avait
personne au quartier général qui ne témoignât
le désir de voir conclure la paix.

La condition proposée par Napoléon, de faire
de l'Oder la ligne de démarcation, condition à
laquelle les Prussiens ne pouvaient pas adhérer,
semblait un grand obstacle : aussi crut-on, pendant un moment, les négociations presque rompues; cependant Bonaparte céda, sans doute
d'après des considérations importantes. Avant
que Napoléon quittât le 30 cette misérable ferme
de Rosnig, il arriva un accident très-fâcheux. Le
feu prit à une métairie dans la cour de laquelle
se trouvaient quatorze à quinze fourgons chargés
des provisions les plus indispensables et des objets
les plus précieux. Malgré la plus grande activité,
tout ce que l'on put faire, fut de sauver des domestiques et les attelages, composés de mulets;
la cour formait un carré fermé par des chaumières, à laquelle, par un vent très-fort, le feu
s'était vraisemblablement communiqué des bivouacs. Les fourgons contenaient, outre les objets
destinés aux besoins de Napoléon, comme habits,
linge, provisions, vins, huiles, tabac, etc., un

grand nombre de bijoux d'un prix considérable, tels que bagues, tabatières, et beaucoup d'argent comptant; quelques uns des aides de camp de Napoléon perdirent dans cet incendie leur garde-robe et leur cassette, et les jours suivans on vit rouler beaucoup de pièces d'or enfumées ou à moitié fondues. Dès que la fureur des flammes l'avait permis, on avait placé des postes de la Garde et de la gendarmerie; on avait chargé des personnes sûres de faire des perquisitions dans les décombres, et l'on assurait que les objets les plus précieux avaient été sauvés; mais je ne doute nullement que plus d'un brillant n'ait échappé à la vigilance des préposés, et que le propriétaire, s'il a fait passer au tamis le monceau de cendres, n'y ait trouvé un ample dédommagement de ses pertes.

Napoléon resta à Neumarck pendant la négociation: toute la journée il travaillait dans son cabinet, et, ce qui n'était pas son habitude, le soir il se récréait par une promenade à cheval. On le voyait dans les bivouacs établis près de la ville; il se familiarisait avec les environs, et s'entretenait avec les personnes de la plus basse classe, qu'il interrogeait sur leur état, et sur tous les détails de leurs occupations. Son humeur devenait plus agréable de jour en jour, et il paraissait sans aucune appréhension. Un jour, en attendant un officier qui devait lui apporter des dépêches de

M. de Caulincourt, il chanta : *Ah! page, mon beau page!* et puis, se déterminant à monter à cheval : *Andiam! à cavallo!* Tout cela dénotait combien il était satisfait de l'espoir de voir bientôt conclure l'armistice. En attendant, les Français avaient eu le bonheur d'entrer sans résistance à Breslau, sous les ordres du général Lauriston, le 1er juin à six heures du matin. Le général Hôgendorp, aide de camp du général Enchef, fut nommé commandant de la place. La bourgeoisie envoya à Bonaparte une députation, à la tête de laquelle se trouvait M. de Kospoth, premier bourgmestre. La députation fut reçue avec une affabilité extrême, car Napoléon avait grand intérêt à gagner les habitans de la Silésie ; aussi leur dit-il : *Je sais bien que le roi a été égaré.* Un prince qui montre de la fermeté dans le malheur, et qui est résolu de vaincre ou de mourir en combattant pour l'honneur de sa nation, ne peut être représenté comme égaré, lorsqu'il fait des démarches qui tendent à son affranchissement. Cette phrase avait pour but d'aliéner les Silésiens du roi de Prusse.

Le soir du 1er juin les hostilités cessèrent sur la ligne des avant-postes, et tout le monde se flattait de l'espoir de voir la paix tant désirée succéder à l'armistice. Napoléon mena pendant huit jours la vie la plus uniforme dans Neumarck; il travaillait beaucoup dans son cabinet, et le soir, accablé d'ennui, il fesait à cheval le tour de la ville. Le séjour prolongé des troupes françaises changea les environs en un désert; les maisons de faubourg étaient découvertes, les haies détruites, les cimetières bouleversés. Le site et la contrée de Neumarck sont fort agréables; mais les habitans avaient abandonné leurs paisibles demeures aux satellites du despotisme, et tout ce qui a vie cherchait un asile loin du tumulte. Un rossignol était resté seul sur le cimetière dévasté, et par ses chants mélancoliques il semblait déplorer toutes les nuits les malheurs de la contrée.

Dans l'après-dinée du 4 juin, Napoléon fit savoir au roi de Saxe qu'il venait de conclure un armistice de deux mois, et que la Saxe allait être délivrée de toutes les troupes ennemies. Cette consolation apparente fut en effet le présage de tous les malheurs qui devaient peser sur ce pays déjà ruiné par la guerre, et de toutes les calamités qu'il devait souffrir par les marches de l'armée française, et par les défaites qu'elle devait y éprouver. Conformément aux conventions de l'armistice, les Français, qui ne devaient occuper qu'une petite partie de la Silésie, étaient preque entièrement restreints à la Saxe; la ligne de démarcation, en partant des montagnes de la Silésie, passait par Kamnitz, Læhn, Goldwitz, Liegnitz, et Parchwitz, coupait l'Oder, continuait sur la rive gauche de ce fleuve jusqu'à Crossen, d'où elle sautait sur le territoire saxon. Comme l'on avait tiré pour l'armée prusso-russe une ligne qui, passant par Striegau et Kaut, allait joindre l'Oder derrière Breslau, cette dernière ville restait entièrement libre entre les deux armées. Il ne restait donc aux Français, outre la partie la plus pauvre de la Silésie, que la Saxe qui était menacée de la famine (1).

Un armistice aussi peu avantageux, et qui ne laissait plus à Napoléon d'autre espoir que celui de gagner ses ennemis par des négociations, ou de désunir une coalition qui lui était si formidable, est la preuve certaine du grand besoin qu'il avait de gagner du temps pour réparer ses forces.

On dépêcha sur-le-champ des officiers français, aux garnisons de Dantzic et de Modlin:

---

(1) L'armistice ne devait commencer, pour les corps armés plus éloignés, que le 8 juin, et l'on eut une grande joie au quartier général de Napoléon d'apprendre que le 30 mai les Français avaient occupé Hambourg, et que le 8 ils seraient probablement déjà arrivés à Lubeck. Le bruit y courait que, par suite d'une mésintelligence survenue entre les alliés et le prince-royal de Suède, leurs négociations avec ce dernier étaient rompues, qu'il se bornerait à couvrir ses états allemands, et qu'il était retourné en Poméranie. L'on ajoutait que dix mille Danois allaient se joindre aux Français.

la jeune Garde fut renvoyée à Glogau, et les troupes réparties dans des cantonnemens.

Bonaparte avait résolu de rester à Dresde jusqu'à l'expiration de l'armistice. Mais afin d'être plus libre, et pour n'imposer aucune gêne à la famille royale, il voulut habiter un jardin dans un faubourg. Dès qu'il eut fait toutes les dispositions relatives à l'armée, il se hâta de quitter Neumarck, dont le séjour probablement lui était devenu désagréable. Il en partit le 5 juin au soir, et se rendit la nuit même à Liegnitz, où Caulincourt le rejoignit le lendemain matin. Il prit ses autres logemens à Hainau, Buntzlau, Gœrlitz et Bautzen. Pendant ce voyage, il visita tous les points qui avaient joué un rôle important dans la bataille de Wurschen ; il n'oublia aucune fortification, aucune hauteur; il donna une attention particulière aux montagnes qui ont leur pente de Kunewald vers Bautzen : il examinait probablement jusqu'à quel point l'attaque eût été plus facile de ce côté.

Le 10 juin Napoléon arriva à Dresde ; il descendit dans le jardin du comte Marcolini, jardin retiré dans Friederichstadt, qu'on avait préparé pour lui. Ce jardin, quoique moins grand et moins beau que l'Elysée-Napoléon (maintenant Elysée-Bourbon), qu'il habitait d'ordinaire en été, lui ressemble en quelque façon ; comme ce dernier, il est solitaire, et semble disposé pour des travaux exempts de trouble.

On avait préparé dans ce faubourg des maisons pour la plus grande partie de la suite de Bonaparte. Mais Berthier avait un pied à terre dans le palais de Brühl; quant à Caulincourt, on lui avait ménagé un cabinet dans une aile de la maison qu'occupait Napoléon.

CHAPITRE II.

Intervalle pendant l'armistice ; quelques observations et détails sur la manière d'être et d'agir de Napoléon.

U<small>N</small> dominateur tel que Napoléon ne peut jamais inspirer de l'amour ; il ne peut exciter que l'admiration. Cependant l'observateur de la nature humaine trouvera sans doute de l'intérêt à connaître la manière de vivre d'un homme qui, par son esprit et par son bonheur, a été admiré de ses contemporains, et occupera toujours une place ineffaçable dans l'histoire. La vie privée d'un tel homme offre d'autant plus d'intérêt, que dans le grand monde politique, qui fut son véritable élément, il n'a paru que sous un faux jour. Qui est celui qui pourrait approfondir le cœur de Napoléon, et juger cet être énigmatique, entraîné par les événemens les plus extraordinaires, et par les combinaisons les plus bizarres ?

Comment pourrait-on connaître à fond celui

qui fut obligé d'employer toute la force et toutes les ressources de son esprit pour faire face à une infinité d'envieux et d'ennemis, pour contenir les plus fins, et pour en imposer aux plus indociles? Comment pourrait-on juger un favori du destin, qui, gâté par son bonheur inouï, s'est follement imaginé être un prodige, une merveille du monde, le souverain le plus digne et le plus spirituel d'une grande nation, fait pour effacer tout ce qu'on avait vu, et tout ce qu'on avait osé faire avant lui? Pour juger des qualités d'un homme aussi rare, c'est à de petits traits qu'il faut sur-tout faire attention. Ils seront donc appréciés par tous ceux qui n'ont pas vu Napoléon de près. Ses nombreux ennemis se sont épuisés à le déchirer, et à le déshonorer par leurs discours et par leurs écrits. Ses favoris et des esprits exaltés, éblouis de sa gloire, ont fait son apothéose; et maintenant on le couvre de malédictions. Qu'on se tienne dans un juste milieu. Qu'on apprecie la force de la passion, le sentiment de la contrainte, l'appât de la fortune et du succès; le résultat de la mobilité qui réside dans le système nerveux et dans le sang des habitans des pays méridionaux, enfin le plein pouvoir que le destin lui avait conféré, on jugera alors avec modération.

Il n'y a pas de grandeur sans fermeté de caractère. Les esprits indécis peuvent compter moins que les autres sur des progrès marquans. Pour devenir homme de lettres, artiste, bon mécanicien et bon guerrier, il faut une certaine persévérance pour atteindre le but qu'on se propose. L'homme de guerre n'est que trop souvent exposé, par la sévérité et par la rudesse de son état, à voir sa persévérance se changer en entêtement. Le soldat se soucie fort peu des souffrances des autres; il excuse tout, en attribuant tout à l'empire tyrannique de la nécessité; et il s'empresse de parvenir au but vers lequel il est conduit par la fortune et par le pouvoir. Tels furent les sentimens que les événemens de la révolution inspirèrent à Napoléon. Son ambition, dont on prétend avoir aperçu le germe dès sa plus tendre enfance, devint bientôt une inclination toujours plus vive pour le despotisme; inclination qui se fortifia encore par la résistance que lui opposa l'Angleterre, son ennemie implacable. Les plus grandes fautes commises par Bonaparte ont pris leur source dans la haine qu'il portait au gouvernement de ce pays, dans l'idée que la France ne devait jamais souffrir que l'Angleterre lui dictât des lois; et que, se rendant maître de tous les rapports du continent, il pourrait opposer une puissante barrière à ces insulaires, jusqu'à ce que l'écroulement de leur crédit factice entraînât leur chute. L'Angleterre, aussi constante, mais plus circonspecte dans l'exécution de ses projets, est parvenue, par cette sage et courageuse persévérance, à gagner l'estime de Napoléon, tandis que les autres gouvernemens, égarés par de longs malheurs, ont favorisé son ambition par leurs fautes. Napoléon conçut fort bien qu'en profitant de ces fautes et en divisant les intérêts des différens pays, il se fraierait le chemin à une gloire sans bornes. Cette conviction lui a suggéré plusieurs manœuvres astucieuses jusqu'au moment où l'union des forces, et sur-tout la constance et la bonne harmonie, ont préparé et consommé sa ruine.

Combien ne doit-on pas déplorer que Napoléon n'ait point employé ses grands talens, ses facultés vraiment rares, et que secondaient si bien les grandes ressources de la France, au soin exclusif du bonheur de son vaste empire! Mais son sang était trop ardent, son esprit trop turbulent pour qu'il pût se renfermer dans le cercle des réformes et des améliorations de l'intérieur: saisir une idée, assigner au plan adopté les fonds nécessaires, fixer le temps et les moyens d'exécution, n'était pour lui que l'affaire d'un moment; il lui restait ensuite assez de temps pour mille autres plans qu'il poursuivait avec la même activité. Il passait de l'un à l'autre sans relâche; il pouvait disposer des moyens, comme des personnes, avec la même facilité; le repos était incompatible avec son caractère impétueux.

Après une alliance aussi étroite avec la puissante maison d'Autriche, cet homme jusqu'alors invaincu, arrivé au comble du bonheur, n'avait plus rien à désirer. Après avoir lutté pendant un an, plusieurs de ses entreprises ont échoué; et il vient de confirmer par son exemple cette vérité, que la plus grande fortune ici-bas s'écroule rapidement, dès que l'orgueil nous aveugle.

Quoiqu'on ne puisse disputer à Napoléon un haut degré de circonspection, il faut convenir cependant, que la confiance qu'il avait dans son bonheur, par lequel il était parvenu au faîte de la grandeur humaine; que cette confiance l'emporta sur toutes les difficultés qui se présentaient aux observateurs tranquilles et placés à une certaine distance. Napoléon, rassuré par les résultats de plusieurs plans combinés avec art, par des négociations qui firent avorter les projets de ses ennemis, et qui donnèrent naissance parmi eux à des dissensions, à des demi-mesures, s'imagina pouvoir suivre toujours la même ligne, sans s'exposer à des résultats fâcheux, et compta trop sur les fautes de ses ennemis, ainsi que sur les résultats de ses ruses accoutumées, et enfin sur les ressources de son génie.

Les premières entreprises de Napoléon, comme général, calculées mathématiquement, d'après les principes de Carnot, furent heureusement exécutées ; il se permit quelques déviations des règles qui forment la base des lignes d'opérations.

Malgré ses fautes, il réussit à vaincre, soit par la supériorité de ses forces, soit par le concours des circonstances. Ses succès le rendirent toujours plus hardi; son système d'attaque devint de moins en moins régulier, jusqu'à ce que sa campagne de Moscou découvrit enfin, qu'il comptait plus sur son étoile, que sur les principes solides de l'art de la guerre. Livré entièrement aux calculs mathématiques, dont il s'occupa un an avant de commencer la guerre contre la Russie (1), il négligea de pourvoir aux besoins physiques de ses troupes, et cette négligence devint la source de tous les malheurs qui ont accablé son armée jusqu'à son entière expulsion du sol germanique. Napoléon était toujours occupé de calculs géographiques : d'un coup d'œil exercé, il relevait avec une facilité surprenante, les distances des lieux et celles du temps, d'où dépendait la

---

(1) Cette supposition est fondée sur ce que la compilation et la rectification de la carte de Russie, dont une copie a été remise à chacun de ses maréchaux, a été ordonnée deux ans avant la dernière guerre. Cette carte contient précisément la partie de l'empire russe, sur laquelle il a paru lui-même avec sa grande armée, ainsi que ses généraux avec leurs corps respectifs.

combinaison des marches de ses armées sous le rapport stratégique et tactique. Mais la précision des marches exécutées sous les ordres de ses généraux, l'habitua à voir tous ses ordres accomplis, et lui fit croire qu'il satisferait aussi aisément à tous les besoins de l'armée. Son ton de dictateur lui paraissait devoir suffire pour procurer du pain et de la viande, comme pour réunir son armée sur un point déterminé. Peut-être les autorités administratives de l'armée ont-elles été aussi négligentes, que les subalternes de mauvaise foi : le fait est que Napoléon, qui n'était pas instruit des complots de cette espèce de gens en a été la dupe ; et cette branche si importante des bureaux de la guerre, est restée exclusivement entre les mains des ordonnateurs et des intendans.

Caulincourt fut peut-être le seul, qui lui fit remarquer ces abus ; pendant l'armistice, il fut du moins employé à visiter inopinément les hopitaux, dont la situation avait peut-être excité quelques soupçons de la part de Napoléon. Cependant la mission de Caulincourt, ne produisit aucun changement considérable.

Napoléon était, comme nous l'avons dit, trop absorbé par ses dispositions mathématico-géographiques tendantes à s'assurer de la victoire, pour s'occuper des détails les plus ennuyeux de l'art de la guerre. Il détestait cette partie comme celle qui mettait le plus d'entraves à ses projets. D... craignant de l'irriter, n'eut pas le courage de lui représenter la grandeur du danger. Napoléon croyait en avoir fait assez en ordonnant, qu'une grande quantité de vivres lui fût envoyée de France. Tout le monde connaît l'abus criminel qu'on fit de ses ordres, et le peu qu'il en parvint à l'armée, victime de la mauvaise foi des employés perfides qui furent chargés de cette opération importante. Peut-être les administrations françaises ont-elles jugé nécessaire de faire ensorte que la misère de l'armée arriva à son comble, afin que Napoléon rebuté par une infinité d'entraves, renonçât enfin à son système de guerre perpétuelle. Le simple soldat était devenu depuis longtemps une marchandise sans aucune valeur (A1).

Une des manœuvres les mieux calculées de Napoléon, et l'une de celles qui ont le mieux réussi fut la marche du général Bertrand, qui vint d'Italie en Saxe par la route de Nuremberg. Cette marche a contribué sans doute au brillant succès qui a couronné le commencement de la campagne. La marche du maréchal Ney, après la bataille de Baützen, a été basée sur une disposition également sage et bien calculée. Après la dénonciation de l'armistice, ces marches brillantes et dignes d'éloges devinrent plus rares, parce que Napoléon étant réduit à rester sur la défensive, et resserré dans un espace de terrain moins étendu, devait se porter tantôt sur un point, tantôt sur un autre. On ne vit que trop combien sa position était incertaine; et lorsqu'il se flattait de pouvoir faire quelque grand coup, il le tentait avec une telle masse de forces, qu'il ne pouvait plus guères prétendre aux efforts de génie qui distinguent un capitaine expérimenté. cette dernière partie de la campagne n'est pas honorable pour lui, parce qu'il comptait aveuglément sur les fautes que l'ennemi pourrait commettre; et se fiant à sa propre habileté, il persista opiniâtrément dans sa première idée, sans réfléchir sur sa mauvaise position, qui menaçait d'une ruine totale l'armée et son chef. Au lieu de renoncer à quelques avantages, il hasarda et il perdit tout.

Cependant Napoléon avait montré dans plusieurs circonstances antérieures combien il appréhendait que l'Autriche n'accédât à la coalition, ce qui par sa position géographique allait préparer la ruine totale de l'armée française. Je ne connais point l'objet des négociations dont le général Bubna fut chargé à Dresde et à Liegnitz; mais tout le monde a remarqué, que quelques jours avant la conclusion de l'armistice, Napoléon étant à Neumarck, s'informa exactement de la situation du camp dit de Pirna, où, au commencement de la guerre de sept ans, la plus grande partie de l'armée saxonne avait été obligée de capituler. Il prit les informations les plus détaillées sur le nombre, sur la position des troupes, et sur les motifs qui avaient amené la capitulation. Enfin, tout annonçait qu'il comptait sur cette place frontière dans le cas où l'Autriche lui déclarerait la guerre. Le maréchal Soult duc de Dalmatie avait été destiné à commander le camp qui, dans tous les cas devait se former dans cet endroit, pour mettre la Saxe à l'abri d'une attaque dirigée contre cette frontière. En effet, peu de temps après que Napoléon fut arrivé à Dresde, Soult fut chargé d'examiner les environs de Kœnigstein. Mais les nouvelles fâcheuses arrivées de l'Espagne, déterminèrent ensuite Napoléon à envoyer Soult à la hâte dans la péninsule, et le commandement du camp retranché fut donné au maréchal Gouvion Saint-Cyr.

Les maréchaux et les généraux de Napoléon étaient accoutumés à se voir lancés d'un endroit à l'autre, et généralement à se sacrifier aveuglément à sa volonté. Il n'y avait pas long-temps que Soult avait fait venir ses meilleurs chevaux du fond de l'Espagne, en Saxe. Pendant l'armistice sa femme était venue de Paris à Dresde; et deux jours après, Napoléon informé de la marche rétrograde de ses troupes de Vittoria, jusqu'aux frontières de France, ordonna inopinément à Soult de reprendre le commandement de l'armée d'Espagne. Ce maréchal, obligé de partir la nuit suivante, vendit tout ses chevaux, ses mulets et ses équipages, et congédia son monde. Les officiers composant son état-major se trouvèrent dans le même cas.

Après y avoir séjourné trois jours, la duchesse fut obligée de quitter la belle ville de Dresde. On ne se fait pas d'idée des fatigues et des peines endurées par les adjudans, les secrétaires, les officiers d'ordonnance, enfin, par tous ceux qui entouraient Napoléon, depuis le grand écuyer jusqu'au dernier de ses valets. Caulincourt pouvait etre appelé l'infatigable. Comme lui, tous les autres devaient se tenir prêts (et même en habit assez élégant) au service de Napoléon à chaque heure et à chaque instant. Dans le palais habité par Napoléon tout était encombré, et sans dessus dessous: outre les appartemens qu'il occupait lui même, son cabinet, son salon de service, les salles à manger pour son monde, il y avait une chambre et un cabinet de travail pour Berthier; parconséquent les adjudans de Napoléon se trouvaient souvent à la gêne. Un homme d'une naissance illustre, tel que le général Narbonne, qui étant ambassadeur à Vienne, tenait une très-brillante maison, fut obligé pendant la dernière moitié de cette campagne, de coucher sur la paille ou sur deux chaises, dans l'antichambre de Napoléon, où il faisait le service d'adjudant. En cette qualité, il devait être toujours là pour l'éveiller jusqu'à sept ou huit fois par nuit, lorsque quelque dépêches ou quelque rapport important exigeaient qu'il en fût informé sur le champ. Dans cette antichambre tous ceux qui étaient de service couchaient sur la paille : il y avait deux adjudans dont chacun avait un adjudant à lui, qui était chargé des commissions, et qui servaient alternativement ; de plus un écuyer, deux officiers d'ordonnance, deux pages ; et souvent lorsque tout le monde était dans l'attente d'une marche pressée où d'une bataille, l'antichambre était remplie de tous ceux qui pouvaient être appelés par Napoléon. Cette antichambre ressemblait souvent au ventre du cheval de Troie. Rustan le fameux, mameluck que Bonaparte a amené d'Egypte, couchait toujours par terre près de la chambre de Napoléon, et ordinairement près de l'entrée. Il n'était véritablement que son palefrenier, qui le suivait partout comme Sancho Pansa ; mais avec la seule différence que Rustan ne pansait pas son cheval, et qu'il avait autant de chevaux de relais que Napoléon lui-même. Lorsque celui-ci montait à cheval, Rustan était derrière lui avec la capote, le manteau et le porte-manteau de sa majesté ; enfin, avec une couverture de taffetas ciré pour son propre usage. Il habillait et déshabillait Napoléon, et il le servait même quelquefois à table. On lui ferait trop d'honneur, si l'on croyait qu'il jouît de quelque confiance, où qu'il occupât un certain rang. Caulincourt et les plus anciens serviteurs de Napoléon le tutoyaient, et il vivait avec les domestiques les plus considérés de la maison impériale. Cet homme, qui est devenu tout-à-fait Français, et qui a épousé une parisienne, dont le portrait est toujours sur son cœur, a une physionomie qui annonce la franchise : ses grands yeux noirs expriment une certaine cordialité et une bonhommie, qui semblent justifier la confiance que Napoléon a cru pouvoir lui accorder, en comptant entièrement sur sa fidélité. Cependant Rustan n'a pas suivi Napoléon à l'île d'Elbe, lorsque celui-ci descendit du haut de sa gloire. Je crois que ce fut par crainte de la mauvaise humeur que cette nouvelle résidence pourrait inspirer à son maître, et par la préférence qu'il a accordée à l'agréable séjour de Paris.

Il y avait en outre, au quartier général, une façon de mameluck natif de Versailles, destiné aussi au service de Napoléon. Il était habillé comme Rustan, sans avoir aucune de ses qualités originales. Il était comme en réserve auprès d'une division du service de Bonaparte ou de la cour, tandis que Rustan appartenait à la personne de Napoléon.

Lorsque je parle du cabinet de Napoléon, cela signifie, pendant la campagne, la pièce la plus grande et la plus convenable de toute la maison, qui servait d'habitation et de lieu de travail pour lui et pour ses secrétaires. Il y attachait plus d'importance qu'à la pièce qu'il habitait lui-même. Lorsque Napoléon bivouaquait auprès de ses troupes, il y avoit tout près de sa propre tente une autre tente destinée pour le cabinet, et toujours disposée avec la plus grande exactitude. Au milieu de la chambre il y avait une grande table, sur laquelle était étendue la meilleure carte du théâtre de la guerre. Pour la Saxe, c'était celle de *Pétri*, parce que Napoléon s'y était accoutumé en 1806, et qu'il l'estimait beaucoup (1). C'était encore le même exemplaire : on l'orientait avant qu'il fût entré dans le cabinet; on y enfonçait des épingles avec des têtes de plusieurs couleurs, pour marquer les différens corps d'armée où celles de l'ennemi. C'était l'affaire du directeur du bureau topographique, qui travaillait toujours avec Napoléon, et qui avait une parfaite connaissance des positions. Si cette carte n'était pas prête, on devait la chercher immédiatement après l'arrivée de Napoléon : car c'était la chose à laquelle il tenait plus qu'aux autres besoins de la vie. Pendant la nuit la carte était entourée de vingt ou trente chandelles, entre lesquelles il y avait un compas. Lorsque Napoléon montait à cheval, le grand écuyer Caulincourt portait la carte nécessaire sur la poitrine, attachée à un bouton, parce qu'étant toujours à côté de Napoléon, il devait la lui présenter toutes les fois qu'il disait : *la carte* (2) !

---

(1) Il se servait aussi quelquefois de celle de Blackenberg.

(2) Un jour, Bonaparte demanda la carte, et celle-ci n'étant pas pliée de manière à ce qu'on y vît distinctement

Aux quatre coins de ce sanctuaire il y avait, lorsqu'on pouvait en trouver, de petites tables, sur lesquelles travaillaient les secrétaires de Napoléon, et quelquefois Napoléon lui-même et son directeur du bureau topographique. Ordinairement il leur dictait étant tout-à-fait habillé, en uniforme vert, très-souvent avec le chapeau sur la tête, et en se promenant dans l'appartement. Étant accoutumé à voir exécuter avec la plus grande célérité tout ce qui sortait de sa tête, personne n'écrivait assez vite pour lui, et ce qu'il dictait devait être écrit en chiffres. Il est incroyable comme il dictait vite, et comme ses secrétaires avaient acquis la capacité de le suivre en écrivant. Il y en avait un tout jeune qui les surpassait tous en vitesse; et ce qui contrariait les

---

la position dont on avait besoin, ne pouvant pas s'y reconnaître, il se mit en colère, parce que, continuant sa route à cheval, il devait donner des ordres d'après la position qu'il cherchait. Il tâcha de la plier autrement; malheureusement un coup de vent la fit remuer. Dans un accès de colère, il jeta la carte sous les pieds de S. Exc. le duc de Vicence, qui fut obligé de mettre pied à terre pour la ramasser, et parvint, aidé d'un page, à l'arranger comme elle devait l'être. Bonaparte fut fâché de son emportement; car, quelques minutes après, il dit, d'un ton plus modéré : *Donnez-moi la carte !* Il signifia à Caulaincourt de la plier, à l'avenir, avec plus de soin.

autres, c'était la crainte que Napoléon n'en exigeât autant de leur part. On peut bien croire que ces chiffres n'étaient que des hiéroglyphes. Une queue de dragon indiquait souvent toute l'armée française ; le fouet, le corps de Davoust ; une épine, le royaume d'Angleterre ; l'éponge, les villes commerçantes, etc. On dit que Napoléon avait un talent particulier pour déchiffrer ces caractères : ce qui lui devait être facile, parce que les significations avaient été établies par lui-même. Mais cela n'était que le quart de la besogne : les secrétaires devaient ensuite commencer à déchiffrer ce brouillamini, mot par mot, et l'arranger d'après le sens que les phrases exigeaient. La chose n'était pas facile, lorsqu'il était question d'ordres un peu étendus, d'autant moins qu'il n'y avait que quatre secrétaires employés à toutes les expéditions militaires, diplomatiques et politiques, qui émanaient directement de lui, comme dirigeant toute la grande machine. Aussi devaient-ils s'accoutumer à différentes sortes de travaux regardant tantôt la politique et tantôt la tactique. Autant que j'en suis informé, il y en avait toujours deux travaillant au cabinet près de lui, et chargés de l'expédition. Il arrivait, par exemple, un rapport d'un maréchal qui commandait en Silésie ; et au même moment il lui venait dans l'idée de faire réponse à une dépêche venant d'Espagne, ou de rédiger un traité sur la politique, ou bien une note diplomatique, ou enfin de donner des dispositions sur ce qui regarde la justice, ou un autre objet quelconque : alors un secrétaire devait se soumettre à écrire un A. B. C. pour le roi de Rome, ou à copier les positions de vingt brigades des différens corps d'armée, qui toutes lui étaient parfaitement connues. C'était un travail bien pénible pour celui qui n'en connaissait pas l'ensemble, l'origine et les détails comme celui qui l'avait composé; mais l'habitude donne de la facilité dans les affaires les plus compliquées. Ces secrétaires vivant toujours dans la sphère de cet homme extraordinaire, dont l'esprit volcanique enfantait mille idées diverses, étaient comme des fils qui se rattachaient aux départemens administratifs et de la guerre, du duc de Bassano (Maret), et du prince de Neufchâtel (Berthier), ainsi qu'à toutes les autres autorités de France, auxquelles les ordres de Napoléon parvenaient directement. Il est étonnant qu'avec si peu de monde Napoléon ait pu suffire à une foule d'affaires, sans en déranger la marche régulière. Je ne calcule point ici les défauts, en fait d'administration, résultant de la négligence des autorités subalternes. De ce genre est, par exemple, la manière scandaleuse dont on s'est conduit à l'égard des besoins de l'armée, sacrifiée à la cupidité et à la mauvaise gestion de certains employés. Je ne parle que des travaux qui devaient passer par le cabinet, et qui semblaient exiger un plus grand nombre de travailleurs. Mais peu suffisaient, grâces à la méthode simple et laconique à laquelle étaient accoutumés les alentours de Napoléon : peu de mots, un signe, un trait fournissaient la matière à des travaux très-détaillés, dont on chargeait les autres; et l'on ne travaillait au cabinet que sur les objets d'un intérêt particulier pour Napoléon. Ces objets concernaient particulièrement la politique et les fortifications. Il connaissait très-particulièrement les positions des armées, la composition des différentes masses, leurs combinaisons et leur emploi; mais les ordres du détail étaient l'affaire de Berthier, qui les faisait exécuter par son nombreux état-major.

Un style serré dans la rédaction et une sérieuse attention aux différens objets, contribuaient naturellement à leur prompte expédition. Du moins, les secrétaires de Napoléon étaient accoutumés à une marche rapide, laquelle s'étendait même sur des objets insignifians, qui parvenaient, ou pouvaient parvenir à sa connaissance. Lorsqu'il avait entendu un rapport, ou arrêté quelque chose, on pouvait être sûr que dans quelques jours l'expédition en était faite.

La marche des affaires allait d'un si bon

train, que, dans celles qui devaient passer par plusieurs bureaux, on pouvait même fixer le jour où tel et tel objet serait terminé. Sans doute, c'est beaucoup pour un quartier général, lorsqu'il s'agit de choses d'un intérêt secondaire et étrangères aux ordres stratégiques. Cette rapidité provenait du caractère bouillant et violent de Napoléon. Il y avait des momens où tout le monde était dans une attente silencieuse et triste; et ce morne silence préludait à quelque orage prêt à éclater de la part de Napoléon, dont la colère annonçait visiblement une disgrâce. Alors chacun épiait le moment où le coup allait tomber, et quelquefois l'état d'incertitude durait toute une demi-journée.

Mais les Français aiment cette activité extraordinaire; il y en a peu parmi eux qui apprécient une occupation partagée d'après les forces de chacun.

On ne voyait dans le cabinet de Napoléon ni archivistes, ni registrateurs, ni greffiers. Il y avait un gardien de porte-feuille; et c'était probablement l'homme le plus calme de toute la France, qui était choisi pour cette place. Au milieu des alarmes de la guerre, sa manière de vivre était sans doute la plus simple, mais aussi la plus ennuyeuse du monde. Une fidélité éprouvée pendant un grand nombre d'années lui assurait cette place. Du reste, le gardien du porte-feuille était habillé en simple portier (*suisse*), avait le collet brodé, signe distinctif des domestiques d'un rang inférieur, et était au rang des valets de chambre ; mais il avait l'inspection des gros porte-feuilles du cabinet, de toutes les caisses et caissons de l'archive, auquel appartenait le bureau topographique. Il était le gardien de ce sanctuaire, comme le sphynx devant les jardins des Egyptiens ; et il ne quittait jamais la porte du cabinet, à moins qu'il n'y fût remplacé pour cause de maladie. Il fallait, pour remplir cette place, une forte constitution et un caractère très-doux ; celui qui l'occupait devait être à son poste nuit et jour, et s'y tenir toujours prêt, Napoléon s'éveillant souvent, et se mettant sur-le-champ au travail. Cette petite place n'était pas difficile à remplir; mais elle devenait assez fatigante, tant que le quartier général restait dans le même endroit. Dès qu'il était transféré, monsieur l'archiviste se trouvait près des fourgons du cabinet, ou près du bureau topographique. La partie véritablement mobile de ce dernier, qui suivait toujours le quartier général, se composait de deux voitures.

En arrivant en Saxe, la plus grande partie de ces effets étaient restés à la frontière; et parmi les réformes et les retranchemens que l'on fit, on comprit la masse des cartes géographiques, qui fut beaucoup diminuée : on avait fait, à cet égard, dans la campagne de Russie, la perte la plus sensible; perte qui, de l'aveu même des officiers de la maison de Napoléon, était irréparable. De toutes ces belles cartes, de tous ces beaux plans qu'on avait réunis pour cette expédition, pas la moindre feuille ne fut sauvée. Le petit nombre de ces officiers qui avaient pu échapper à l'extermination générale, avaient eu beaucoup de peine à revenir avec les vêtemens nécessaires pour se couvrir; l'objet le plus chéri de Napoléon, sa collection de plans, fut la proie du désastre universel. Il est à désirer que ces excellens et rares ouvrages, qui auraient dû servir à l'avantage et à la prospérité des empires, et non à leur destruction, soient tombés entre les mains de connaisseurs, et d'hommes assez puissans pour en tirer parti.

Deux chasseurs de la Garde à cheval étaient destinés à transporter les travaux géographiques d'un intérêt secondaire ; on les appelait *chasseurs du porte-feuille.* Ils étaient choisis chaque fois pour ce poste d'honneur par l'officier de service de la même arme ; et l'aide de camp de service leur remettait le vénérable porte-feuille. Ils suivaient immédiatement l'adjudant, ou les autres personnes qui étaient le plus près de

Napoléon, soit qu'il fût à cheval, ou en voiture; et, ne perdant jamais de vue les hautes fonctions qu'ils avaient à remplir, ils renversaient sur leur passage, tout ce qui aurait pu les éloigner d'un pas du poste qui leur était assigné.

En général, ceux qui devaient suivre Napoléon étaient accoutumés à garder leur poste avec la persévérance la plus opiniâtre; c'était l'effet de la rigueur, que mettait le grand écuyer Caulincourt à les surveiller; sa surveillance s'étendait sur toutes les branches de la maison impériale. Après la mort du grand maréchal Duroc, tous les ordres concernant la marche, le séjour, les écuries, les relais, la cuisine, les domestiques, et particulièrement les courriers et les estaffettes venaient de Caulincourt. C'était lui qui avait les clefs des malles que les courriers apportaient; il les ouvrait, et remettait à Napoléon tout ce qui le concernait, soit qu'il fût en marche, soit qu'il eût pris ses quartiers. Lorsqu'il était en voiture, tout allait au grand trot et au galop. Caulincourt descendait de cheval à la hâte, conduisait le courrier à l'écart, ouvrait la malle, courait après la voiture de Napoléon, et lui remettait les dépêches, après quoi on voyait une quantité d'enveloppes sortir des deux côtés de la voiture. Ces papiers tombaient quelquefois sur les chevaux qui bordaient les deux côtés du carrosse : car lorsque Napoléon voyageait en carrosse, on y fourrait tous les papiers qu'il n'avait pas eu le temps de lire dans son cabinet. Il s'amusait à les parcourir lorsqu'il était en plein air, si la position du pays lui était connue ou indifférente. Tous les rapports inutiles étaient coupés et jetés par la portière. Les morceaux volaient dans l'air comme un essaim d'abeilles, et finissaient par être triturés sous les roues. C'était probablement Berthier qui était chargé de les couper, car on en a vu qui étaient coupés avec soin. Peut-être était-ce Napoléon lui-même qui s'amusait à le faire ; ne pouvant rester un seul moment tranquille. Lorsque Berthier (1) et lui n'avaient rien à se communiquer, et qu'il était ennuyé de jouer avec la houpe de la portière, S. M. s'endormait. Pour éviter cet ennui, lorsqu'il n'y avait ni rapports, ni listes, ni états à lui soumettre, on remplissait toutes les poches de la voiture de journaux, et d'autres écrits périodiques venant de Paris. A peine les avait-il parcourus rapidement, on les voyait voler plus légers que le vent qui les emportait. Quelques-uns de sa suite, avides de nouveautés, tâchaient de les ramasser. Quelquefois on pouvait même profiter de cette circonstance pour se pro-

---

(1) Lorsque Berthier, qui était toujours son compagnon de voyage, était absent, sa place était occupée par Cau, et principalement par le roi de Naples.

curer une petite bibliothèque de campagne: car lorsqu'il n'y avait ni journaux, ni écrits périodiques, les poches de la voiture étaient remplies de nouveautés, même de romans assez volumineux, mais seulement brochés. Cependant ce genre de lecture ne convenait pas trop à Napoléon, qui aimait les écrits solides. Si les premières pages ne lui plaisaient pas, ces malheureux livres étaient jetés par la portière comme de coutume. Quelquefois une personne de sa suite ramassait, par curiosité, ce qui était tombé; autrement, tout devenait la proie des soldats qui le suivaient.

Le grand écuyer Caulincourt songeait avec un zèle inexprimable à tous les besoins de Napoléon. Il s'acquittait de cette tâche pénible avec une exactitude et une attention que rien n'égalait. Une activité sans bornes était la principale de ses qualités; mais ce qu'il y a de plus étonnant, c'est que, malgré la quantité de commissions politiques et autres affaires dont il était chargé par Bonaparte, il lui restait toujours assez de temps pour entrer dans les détails les plus minutieux de ce qui concernait l'économie de la maison impériale, et pour y donner tous les soins possibles. Napoléon n'aurait pu trouver un serviteur plus actif ni plus infatigable.

Il possédait aussi le talent de dire tout en peu de mots. Il n'avait qu'un seul secrétaire; et lorsque lui-même avait passé la nuit en travaillant avec Bonaparte, à la pointe du jour Caulincourt était le premier qui se rendait à son poste. Aucune difficulté, quelque grande qu'elle fût, n'était capable de le rebuter. Il était presque toujours à cheval, et se trouvait constamment à la portière de Napoléon. Lorsque des affaires particulières l'occupaient ailleurs, il était remplacé par l'un des deux écuyers de service. L'ordre et la tranquillité qui régnaient constamment dans le service de la maison impériale, dont nous parlerons dans la suite, était sans doute l'ouvrage de Caulincourt. Ses occupations augmentèrent considérablement depuis la mort de Duroc. Tout en rendant justice à ses qualités et à son habileté, je crois que Bonaparte était plus franc et moins réservé avec Duroc qu'avec Caulincourt. Celui-ci lui était bien dévoué; mais ses manières étaient froides et trop attachées à l'étiquette, que Duroc n'observait pas aussi exactement : d'un côté, Caulincourt parlait librement avec Napoléon, et ne lui cachait rien de ce que les autres n'osaient dire, de peur de s'attirer une disgrâce; d'un autre côté, il lui rendait des hommages outrés, et dont l'exagération ne pouvait que le corrompre. Je range dans ce nombre un certain ordre et certaines dispositions pour fêter l'arrivée de Napoléon; par exemple, une illumination, sous prétexte de faciliter aux troupes qui venaient d'arriver, le moyen de mieux connaître les rues, et de trouver leurs quartiers à la nuit. Mais aussi Caulincourt avait fait beaucoup de bien en s'exprimant avec franchise sur le danger des entreprises de Napoléon, en lui faisant connaître les désordres qui se passaient à l'armée, et les horreurs commises par les soldats. Il était l'organe des malheureux qui s'adressaient à lui, à moins que l'objet de leurs pétitions ne fût tout-à-fait étranger à ses attributions : il surveillait aussi avec la plus grande sévérité tous les objets d'économie ; il était généralement très-sévère, et souvent même grossier. Ce défaut commençait à devenir assez commun parmi les Français, considérés de tout temps comme le peuple le plus poli. Autrefois un Français aurait eu honte de se permettre, en présence d'une société honnête, des expressions vulgaires et des juremens ; cette mauvaise habitude ne se remarquait que dans les dernières classes du peuple : ces mots grossiers devenaient alors la transition ordinaire d'une phrase à une autre. Mais quand le chef lui-même, dans un accès de colère, ou pour exprimer son mécontentement, se permettait les locutions les plus grossières, pouvait-on s'attendre à trouver dans tout ce qui l'entourait, de la civilité, de l'urbanité ?

Il n'est pas nécessaire d'ajouter foi aux diatribes dégoûtantes, et qu'on a lues dans le livre imprimé sous le titre des *Secrets de Saint-Cloud*, pour trouver choquant d'entendre Napoléon, dans un moment d'emportement, dire à un de ses écuyers : *vous êtes tous des j.... f....., je vous ferai f...... tous ! f........ !* Et tout cela parce qu'un piqueur ou une escorte avait négligé dans la nuit de diriger un postillon, et qu'on s'était trompé de chemin. Un empereur ne doit pas souffrir de semblables désordres; mais comme l'empereur de la Chine, ou celui du Japon, lorsque qu'il éternue, donne la permission à son peuple d'en faire autant; de même, le chef des Français autorisait tout ce qui lui était soumis à devenir horriblement grossier; faculté dont on usait sans mesure, et à tort et à travers.

Le quartier général de Napoléon ne comptait qu'un très-petit nombre de ces anciens Français distingués par leur politesse, et qui joignaient à leur bravoure naturelle l'urbanité de la cour : encore étaient-ils réduits à cacher des manières grâcieuses qu'on eût trouvées fières et déplacées. Le général Narbonne était le plus aimable de tous : il avait été d'abord ambassadeur à la cour d'Autriche, et en dernier lieu gouverneur de la forteresse de Torgau. J'ai eu déjà occasion de parler de lui.

Après avoir été employé pendant l'armistice, conjointement avec le grand écuyer Caulincourt, dans les négociations de Prague, il était resté au quartier général (1) parmi les autres adjudans de Bonaparte. Les généraux Flahault, Drouot, Durosnel et le colonel Bernard se distinguaient par des formes polies, autant que par l'étendue de leurs connaissances. Signalés par leur attachement pour leur maître, pleins d'activité, ils montraient beaucoup de satisfaction, lorsque Napoléon leur confiait quelque affaire particulière ; les opérations militaires dont on les chargeait, étaient à leurs yeux autant de bons moyens de s'instruire. Pour les faire connaître plus particulièrement, je citerai les traits suivans : *Flahault* a un extérieur très-agréable ; il est très-adroit, et il fut envoyé sur la frontière de la Bohême pour y recevoir le roi de Saxe. Il était resté à Liegnitz pendant l'armistice, pour en régler quelques conditions en sa qualité de commissaire. Drouot, qui comme officier d'artillerie était toujours chargé de distribuer et de placer les pièces pendant les batailles, resta auprès de Napoléon, et le suivit à l'île d'Elbe (2). Durosnel fut com-

---

(1) Il obtint plus tard le gouvernement de la place de Torgau. Pendant le siége, il y mourut d'une fièvre nerveuse, devenue épidémique, à la fin de l'automne de 1813.

(2) Drouot avait toujours avec lui la Bible, dont la lecture faisait ses délices, et il le dit publiquement aux personnes de service. (Particularité bien extraordinaire,

mandant à Dresde depuis l'entrée des Français jusqu'à la reddition de cette ville. Ses manières affables et humaines lui ont mérité l'estime de tous les Saxons. Le colonel Bernard a servi comme ingénieur : il fit construire, d'après les ordres de Napoléon, le pont de bois de Dresde, et pendant l'armistice il dirigea la construction des fortifications de cette même ville. Je me rappelle que Napoléon lui-même étant près du bastion de l'arsenal, lui dicta un ordre concernant de nouveaux travaux, et que Bernard l'écrivit sur ses tablettes. Près de Zittau, il eut le malheur de se casser une jambe en tombant dans un fossé avec son cheval, pendant la nuit, au

---

à cette époque, et bien remarquable dans un général français.) Peut-être avait-il quelque penchant à la superstition : car, comme Bonaparte l'envoyait toujours là où ses fonctions l'exposaient à plus de dangers, Drouot avait le plus grand soin de se revêtir de son vieil uniforme d'officier général d'artillerie, dans lequel il avait une grande confiance, parce qu'en portant cet uniforme, il ne lui était jamais arrivé aucun malheur. Lorsqu'il était près des batteries, il mettait toujours pied à terre, et il eut effectivement le bonheur que ni lui ni ses chevaux ne furent jamais blessés. Du reste, sa modestie égalait son savoir, et il paraissait animé d'un sentiment d'honneur national qui ne lui permettait sans doute de voir qu'avec peine qu'une grande nation fût réduite à obéir à un homme tel que Napoléon.

moment d'une affaire très-chaude. Les autres adjudans de service étaient le général comte de Lobau (Mouton), connu par sa bravoure personnelle, son orgueil et ses manières rudes, que signalait tout son maintien. Pendant l'armistice, et après le départ de Soult, il fut chargé, en sa qualité de commandant général des Gardes, de présider aux mouvemens journaliers des troupes au Champ-de-Mars de Fiedrichstadt dans le bois d'Ostra, jusqu'à l'instant où ces fonctions furent confiés à Drouot. Quand Vandamme fut cerné et enlevé près de Culm, ce fut Mouton qui réorganisa les débris de ce corps d'armée, et qui les completta par des troupes fraîches, et en renouvelant son artillerie. A la tête de ses troupes, il occupait les principaux défilés de la Bohême, et à la fin de la campagne il était à Dresde avec le maréchal Gouvion Saint-Cyr. Après le malheureux succès qu'eut la sortie tentée par ce général, les Autrichiens firent le comte de Lobau prisonnier avec le reste de la garnison. Corbineau, dont l'humeur était calme, quoiqu'un peu brusque, obtint le commandement d'une division de cavalerie dans le corps de Vandamme; il reçut une blessure à la tête, à la bataille de Culm, et se sauva avec le reste des fuyards, dans les montagnes de la Saxe. J'ignore ce qu'il est devenu dans la suite. Je ne sais pas ce que je dois dire d'un jeune duc de Plaisance, si ce n'est que Paris et ses jouissances lui auraient mieux convenu que cette campagne. Dejean, dont on ne saurait dire rien de particulier, fut envoyé à la rencontre de la nouvelle Garde d'honneur établie à Mayence, et fut chargé de la conduire à Dresde. Mais quelques connaissances qu'il pût avoir, il n'était pas en état d'instruire parfaitement un corps de cavalerie nouvellement organisé. Bonaparte reconnut sans doute lui-même la faiblesse de ces troupes, puisqu'il répartit ces quatre régimens, bien loin d'être au complet, dans la cavalerie de la Garde, pour qu'ils pussent se former au service. On sait que ces jeunes gens, qui ne se sont laissés réunir que par sentiment d'honneur, n'ont pu être d'une grande utilité, malgré toute leur bonne volonté et les encouragemens qu'on leur prodiguait. Le général Hogendorp était rarement en service près de Napoléon; il souffrait de la goutte: peu de temps avant la conclusion de l'armistice, il était commandant de Breslau, et ensuite de Hambourg, sous les ordres de Davoust. La plupart des aides de camp de Napoléon, entre trente et quarante ans, étaient de nouvelle création : les anciens aides de camp avaient péri en Russie, ou avaient été employés, après la dissolution de la grande armée, à l'organisation de celle qu'on venait de former. Deux de ces adjudans, étaient chargés du service journalier ; ce qui les obligeait à rester jour et nuit dans l'antichambre de Bonaparte. Ce service était moins pénible pendant l'armistice. Ils annonçaient tous ceux qui étaient mandés par lui, ou qui désiraient lui parler, à moins que leur rang au quartier général ne leur donnât le droit d'entrer sans être annoncés. Dans ce cas ils frappaient trois fois à la porte du cabinet, et ils les nommaient en l'entrouvrant. Si Napoléon voulait bien permettre que la personne entrât, l'huissier lui ouvrait la porte du cabinet: autrement il lui fallait attendre que le colonel Bacler d'Albe, qui travaillait dans le cabinet, l'eut appelée.

Cet officier a été employé dans deux différentes circonstances comme directeur du bureau topographique; place que Napoléon lui donna à cause de ses grandes connaissances géographiques, et de son grand amour pour le travail. De longs services lui avaient mérité la confiance particulière de Bonaparte; mais il était en même temps l'esclave de ses volontés. Il le faisait appeler plus souvent et plus inopinément qu'aucun de ses aides de camp. Cet officier ne pouvait disposer d'aucun de ses instans; jour et nuit il était occupé du service; son existence était tout entière consacrée à une activité pénible, ainsi qu'aux caprices de Napoléon. Heureusement, sa manière de vivre était parfaitement d'accord avec cette continuelle application. D'Albe avait fourni des preuves de son talent comme peintre, lors de l'exposition publique des tableaux à Paris; et sa belle carte d'Italie l'avait fait connaître comme topographe. Sa persévérance dans l'étude l'avait rendu presque indispensable à Napoléon. Il était chargé principalement de la rectification des cartes; de la combinaison et de la préparation des matériaux, de la fixation des marches et de toutes les lignes d'opération très-étendues. Napoléon s'exprimait en peu de mots: d'Albe le comprenait et exécutait à sa manière, et avec indépendance, la tâche qui lui était imposée. L'habitude de converser avec Bonaparte, lui donnait aussi le droit de prendre quelquefois un certain ton, que celui-ci (chose bien singulière) souffrait de lui lorsqu'il contredisait avec fermeté et avec connaissance de cause. Je sais que Napoléon fit un jour un tapage épouvantable à l'occasion d'un plan, d'un rapport, ou enfin d'un autre papier, qu'il supposait entre les mains du colonel. Dans cette conjoncture, quelques reproches sur l'inadvertance ou sur le peu de mémoire de ses serviteurs, étaient échappés à Bonaparte; enfin d'Albe perdit patience, et dit: *Je sais bien que S. M. a une parfaite connaissance des chiffres, une excellente mémoire; mais enfin je sais ce que je sais*, etc. Enfin Napoléon se tut, et le papier fut trouvé dans un autre endroit. Le zèle ardent pour son service, un certain orgueil national dont cet officier était animé, dégénéraient en dureté, en mépris, et en grossièreté à l'égard des ennemis de la France. Napoléon était accoutumé à voir ses résolutions exécutées avec la plus grande ponctualité. Entièrement dévoué à ses projets, plein d'un respect profond pour son génie, le colonel d'Albe aurait voulu anéantir les auteurs des revers de la France : *ils feront des fautes..... nous tomberons sur eux, et nous les écraserons.* Telles étaient les expressions que lui dictaient son zèle et un désir ardent d'exécuter les plans de Bonaparte, malgré des fatigues et une contrainte dont une constitution robuste pouvait seule lui rendre la durée supportable; malgré l'humeur impétueuse de Napoléon, qu'il eut à endurer en Autriche comme en Russie, en temps de guerre comme en temps de paix, d'Albe, de même que la plupart de ceux qui entouraient Bonaparte, lui fut toujours franchement dévoué. Ils voyaient en lui l'homme qui répandait au loin l'éclat des armes françaises. Combien de fois une nation n'a-t-elle pas été indulgente pour les injustices de son chef, lorsque les hauts faits de celui-ci ont signalé le temps de sa domination comme une époque glorieuse dans les fastes de la patrie! On fait peu d'attention aux opprimés, lorsque l'égoïsme national est satisfait, et que la patrie s'élève à une gloire immortelle: d'Albe avait eu égalité de rang avec plusieurs officiers qui sont devenus maréchaux de France, ou du moins généraux de division; il avait autant d'années de service; cependant il n'a jamais obtenu aucun avancement: on eût dit que Napoléon voulait le tenir dans un rang inférieur pour pouvoir le tourmenter tout à son aise. Il était toujours le dernier dont Napoléon se servait au départ, le premier appelé au travail à l'arrivée du quartier général. Pendant la marche il était plus indépendant; et quand on livrait bataille, Napoléon ne causait qu'avec lui, dès qu'il se présentait quelques questions topographiques. D'Albe avait deux collaborateurs, qui étaient deux officiers du génie, au cabinet topographique, dont l'un était toujours en course, tandis que l'autre était en quelque sorte sous-inspecteur de la chambre des plans.

Ces trois individus, quatre secrétaires intimes, et le premier officier d'ordonnance, (Gourgault (1), chef de bataillon, qui était chargé des dépêches et des commissions les plus importantes, sur-tout dans le commandement de l'artillerie) formaient une espèce de conseil privé, qui était séparé de toutes les autres branches de la maison impériale. Comme leurs attributions émanaient directement de la personne de Napoléon, et sui-

---

(1) Le même qui, avec le titre de *général*, a suivi Napoléon à Sainte-Hélène.

vaient en conséquence une marche particulière, ils avaient toujours une table séparée au palais pour la facilité de leurs communications.

Tout le reste du personnel mangeait à deux tables séparées, dont la première était pour les grands officiers, et la seconde pour les autres officiers de service. Le maréchal du palais, le grand écuyer, les maréchaux qui se trouvaient au quartier général (Bessières, Soult), quelquefois des généraux étrangers, les adjudans de Napoléon; le général Guyot, en sa qualité de commandant des escortes et des guides de la Garde à cheval; le comte de Turenne, comme grand maître de la garde-robe, et les écuyers, qui, comme barons, avaient aussi le grade de colonels, mangeaient à la première table. La seconde était occupée par les officiers d'ordonnance, par les adjudans des aides de camp de Bonaparte, les officiers de garde, ceux de la gendarmerie, les pages, les chirurgiens de la maison impériale et le payeur.

Ordinairement ces deux tables étaient servies l'une après l'autre, avec la plus grande précision, par quelques domestiques inférieurs, avant celle de Bonaparte. Les employés du cabinet ne mangeaient qu'après lui. Pendant toute la campagne, le prince de Wagram (Berthier) seul mangeait avec Napoléon, à moins que le roi de Naples ne fût au quartier général; Berthier étant malade, le grand écuyer et un maréchal prenaient sa place. On servait, suivant la manière française, douze à seize plats parfaitement arrangés ; mais Napoléon mangeait et buvait sobrement. Berthier lui versait à boire, et parlait fort peu pendant le repas. Rustan, ou un autre valet de chambre, servait à table. Très-souvent des officiers qui apportaient des dépêches ou d'autres ordonnances, étaient admis pendant le repas, et Bonaparte les écoutait en mangeant, comme un affamé, à la hâte (1). Pendant l'armistice, une actrice du Théâtre français, mademoiselle Bourgoin, pour laquelle il avait une inclination particulière, fut favorisée d'une invitation à un déjeuner, avec Berthier et Caulincourt. Ce fut un événement rare, que de voir dans l'antichambre de Napoléon une Parisienne dans une mise élégante, toute seule, attendre qu'on lui ouvrît la porte. J'ai ouï dire, à cette occasion, qu'autrefois les rois de France invitaient aussi à déjeûner des personnes distinguées par leur talent, des comédiens, des cantatrices, des virtuoses, etc. On ne saurait dire si Napoléon invitait des personnes de cette sorte, par la manie d'imiter, ou pour flatter les artistes, par bizarrerie, ou enfin par d'autres motifs. Quoi-

---

(1) On dit, qu'à Paris, lorsque Napoléon était tout-à-fait plongé dans les affaires, et qu'on lui rappelait l'heure de se mettre à table, il disait souvent : *N'ai-je pas encore dîné ?*

que je fusse à cette époque-là, assez près de la cour (abstraction faite des grands cercles), à l'exception de l'actrice que je viens de nommer, je n'ai jamais eu occasion de voir une figure aimable ou séduisante. Il fallait, au fait, des périodes extraordinaires de tranquillité et de loisir, pour que l'esprit inquiet et turbulent de Napoléon, se souvînt des charmes du plaisir.

L'activité d'une âme toujours inquiète, dont le souverain bonheur ne se trouve que dans les alarmes variées et les occupations continuelles de la guerre, éloignait toute idée de travail régulier et d'heure fixe pour s'en occuper. Tout ce qui passait au quartier général se faisait à l'improviste; et cependant chacun devait être sur-le-champ prêt à remplir sa tâche. Des momens de repos inattendus, des départs inopinés, les changemens des heures fixées, et souvent aussi celui des routes et des séjours, se succédaient continuellement : lors même que le grand écuyer en avait eu quelque indice, l'exécution n'avait lieu que très-tard, et tous les autres devaient se casser la tête pour deviner ce qui arriverait. Celui qui se serait adressé à un autre pour en obtenir quelque éclaircissement, n'en aurait tiré pour toute réponse, qu'un haussement d'épaules, suivi tout simplement d'un *je ne sais pas!* Les affaires, les rapports, les estaffettes qui arrivaient, étaient la pendule d'après laquelle Napoléon distribuait son temps. Autrefois

Tome I.

on croyait, et l'on avait tort, que Napoléon faisait travailler les autres pour lui : au contraire, dans toutes les opérations le plan principal n'émanait que de lui. Berthier pouvait peut-être hasarder quelques observations; mais il n'était guères chargé que de l'exécution ultérieure des ordres du chef. Très-souvent la marche était retardée de quelques heures, et même d'une demi-journée; et au dernier mot que Napoléon dictait dans son cabinet, se rattachait l'ordre tout sec : *la voiture! à cheval!* Alors tous ceux qui devaient le suivre se mettaient en mouvement, comme s'ils eussent été frappés d'un coup électrique. Ce n'était que dans ce moment que l'on apprenait le chemin qu'on devait suivre. Le grand écuyer, ou, si celui-ci était en commission, un écuyer était à cheval à la droite du carrosse. Le général Guyot ou un autre officier qui, par son rang, venait après lui, était du côté gauche; les adjudans de service, les écuyers, les officiers d'ordonnance, les pages, quelques chevaux de manége pour Napoléon et Berthier. Rustan, le chasseur du portefeuille, et un autre piqueur aux ordres de Caulincourt, suivaient immédiatement la voiture de Bonaparte. Tout ce monde était suivi d'une escorte de vingt-quatre chasseurs à cheval commandés par un officier. Ces dispositions établies une fois pour toujours, étaient de rigueur, et observées constamment avec la plus grande précision. Tous les officiers qui devaient ou pouvaient venir à la suite, n'osaient pas devancer l'escorte; les officiers de haut rang avaient seuls le droit d'avancer, soit derrière, soit des deux côtés de la voiture. On se précipitait ainsi comme un orage, au grand trot, de jour ou de nuit, en parcourant plusieurs lieues ; et celui qui était obligé de suivre ce tourbillon pendant la nuit, était assez mal à son aise. Là où la route était étroite, on courait, pour ainsi dire, les uns sur les autres, avec un zèle brutal. Ceux qui se trouvaient le moins gênés, étaient les deux officiers d'ordonnance qui précédaient la voiture, ainsi que les deux chasseurs qui étaient encore plus en avant. Tous les autres risquaient de se casser le cou et les jambes : car les domestiques qui conduisaient les chevaux de Napoléon, se regardaient comme les chefs du cortége; le chasseur du portefeuille, les officiers d'ordonnance et les pages n'étaient pas plus modestes. Effectivement, chacun devenait important lorsque Bonaparte l'appelait: aussi tout le monde se pressait, se hâtait, se précipitait l'un sur l'autre pendant la chaleur, au milieu de la poussière, du brouillard, et dans l'obscurité de la nuit. Lorsque Napoléon s'arrêtait, les chevaux à monter devaient en faire autant, et quatre chasseurs du front de l'escorte mettaient pied à terre, accrochaient les baïonnettes au bout de leurs carabines, présentaient les armes, et se mettaient en carré autour de lui. On en faisait autant lorsqu'un besoin physique l'obligeait à descendre de cheval ou de voiture, ou lorsqu'il s'arrêtait pour faire un tour à pied, afin d'observer l'ennemi; alors le carré était plus grand, et avançait avec lui selon ses mouvemens, mais sans gêne, afin qu'étant dans un espace libre, il pût observer dans toutes les directions. Si les objets étaient éloignés, le page de service avançait, et apportait le grand télescope que Bonaparte posait sur les épaules de celui-ci, ou sur celles de Caulincourt.

Lorsque les circonstances obligeaient Napoléon à rester, soit de grand matin, soit le soir, pendant quelques temps en plein air, les chasseurs lui préparaient un bon feu. Ce feu était toujours nourri par une quantité de bois extraordinaire : de grands morceaux de bois, et, s'il était possible, des poutres tout entières étaient embrasées pour servir en quelque sorte de signal indiquant l'endroit où était Bonaparte. Berthier était son compagnon, comme à table : il était rare que d'autres s'y trouvassent. Tout le monde se tenait à une certaine distance, formant un demi-cercle; ou bien on mettait à s'approcher du feu des maréchaux le même empressement que pour avoir accès à leur table. Napoléon se promenait en rêvant tout seul, ou en causant avec Berthier, en attendant le bruit du canon ou d'autres signaux de la part de ses généraux. Lorsqu'il commençait à s'ennuyer, il prenait du tabac, ou il s'amusait à lancer çà et là avec les pieds des cailloux, ou à pousser du bois vers le feu. Il ne pouvait rester sans rien faire.

Napoléon était parvenu à acquérir le talent extraordinaire de juger, dans les momens décisifs, la position et l'état des choses, sur-tout au milieu de la fumée et du feu de l'artillerie. Naturellement, il savait seul où l'attaque faite par ses troupes devait produire quelque changement, et alors il était sûr que ses ordres avaient été exécutés. Il a donné des preuves du talent dont nous parlons, dans les combats qui suivirent la bataille de Lützen; à celle de Bautzen ou Wurschen, lorsque Ney arriva, et dans plusieurs autres occasions. Il ne s'est jamais trompé lorsqu'il a porté un jugement sur la distance ou sur l'approche du feu de l'ennemi. Il remarquait chaque mouvement, et il s'apercevait de la force de l'ennemi, de ses mouvemens, soit rétrogrades, soit de flanc, beaucoup plus vîte et mieux qu'aucun de ses généraux : il l'a prouvé à Lützen, à Dresde, et par-tout où l'affaire était dans les bornes de son horizon. Il n'avait qu'à jeter un coup d'œil aidé de son télescope, pour concevoir avec une rapidité extraordinaire, la position et les forces de toute une armée. De cette manière, étant sur les hauteurs, il évaluait des corps entiers de cinquante à soixante mille hommes, d'après l'espace de terrain qu'ils occupaient, et d'après leur position (1). Il était souvent obligé de s'en fier à lui-même et à ses talens, plus qu'à la coopération de ses généraux : car dans cette campagne deux choses principales lui manquaient; des nouvelles de bonne source, et une force plus considérable en cavalerie bien exercée. La supériorité des alliés en troupes légères, qui s'emparaient de tous les intervalles négligés ou non occupés, mit Napoléon dans l'impossibilité d'avoir des nouvelles sûres. Pendant le reste de la campagne, les Français n'ont pu ni se garantir par un semblable cordon de cavalerie légère, si propre à in-

---

(1) Napoléon dit un jour à Berthier, d'un ton indifférent : *Tout ce que je vois, ce sont à peu près deux corps de soixante mille hommes. Il leur faut plus d'un jour pour se réunir et pour attaquer.* On lui avait probablement fait l'observation que, le même jour, il pouvait s'attendre à une attaque du côté de la Bohême. Il avait encore, outre cela, le talent extraordinaire de s'orienter rapidement, en excellent ingénieur, d'après les angles, les triangles et d'autres points et objets éloignés de lui. Il se figurait toutes les localités et la situation du pays; il s'orientait une seule fois en plein air, d'après la carte, ensuite en avançant, il connaissait tout d'après l'idée qu'il s'était d'abord formée, comme s'il fût né dans le pays : alors, à la vérité, il ne jugeait plus de la plupart des mouvemens qu'en grand, et sans faire cas des difficultés inconnues, il ordonnait des opérations qui, exécutées à la lettre par ses généraux, coûtaient de grands sacrifices en hommes.

quiéter l'ennemi, ni se procurer les informations nécessaires. Quant à ces dernières, tous les efforts des généraux de Napoléon ont été inutiles, soit à cause de la mauvaise disposition des habitans du théâtre de la guerre, qu'on avait maltraités, soit par suite des incursions des cosaques, qui se trouvaient par-tout. Le peu qu'on apprenait, se bornait presque exclusivement aux rapports des prisonniers, qui étaient en petit nombre, et qui ne donnaient que des détails très-incomplets. Enfin, on ne savait que ce qui se passait dans les pays que l'ennemi avait quittés. Pendant que la guerre est offensive, ces moyens peuvent suffire; mais ils sont nuls, lorsqu'il s'agit d'une guerre défensive. Une autre circonstance non moins fâcheuse, était l'abandon presque absolu du service courant, et de celui de la cavalerie légère; les postes, les patrouilles, etc. etc., étaient négligés par les troupes, d'une manière impardonnable. On avait toute confiance dans le génie de Bonaparte, pour la direction des plus importantes opérations; mais le détail sur lequel Napoléon n'avait aucune influence, était totalement négligé : une grande partie des officiers n'ayant ni assez de zèle, ni assez d'expérience pour instruire et exercer de nouvelles levées pendant la guerre; livrés à eux-mêmes, supérieurs comme subalternes, s'occupaient tous presque exclusivement de satifaire leurs besoins, ou de se procurer des jouissances, et la présence de Napoléon pouvait à peine porter les troupes à être exactes dans le service. Elles avaient perdu toute confiance en leurs chefs, et tous les liens qui doivent subsister entre les soldats et leurs officiers étaient presque entièrement relâchés.

L'ordre de la légion d'honneur était cependant toujours un puissant aiguillon. Les prérogatives et avantages extraordinaires attachés, en France, à la possession de cet ordre, le faisaient rechercher comme une récompense du plus grand prix. Malheureusement, les abus les plus révoltans s'étaient glissés dans cette institution, comme dans d'autres établissemens très-utiles. Un individu, protégé par son colonel, recevait la décoration qu'on refusait à cent autres plus braves que lui. Cependant quiconque se croyait des motifs fondés de réclamation, et se distinguait par son courage, pouvait s'adresser à Bonaparte, et se plaindre du tort qu'on lui avait fait. Lorsque des troupes avaient exécuté, ou allaient exécuter quelque entreprise extraordinaire, Napoléon destinait ordinairement un certain nombre de décorations de la légion d'honneur pour une brigade, un bataillon, etc. Les prétendans se rangeaient en front du bataillon ; le commandant du régiment les présentait à Napoléon, et l'adjudant de service portait le nom et le grade de chacun sur ses tablettes, pour en faire part à la chancellerie. Les plus importuns étaient ordinairement MM. les officiers de santé, ou les soldats attachés au service des commandans. Quoi qu'il en soit, il dépendait de l'impartialité et de la droiture des chefs d'agir ou non dans l'esprit du fondateur de l'ordre. J'ai vu des officiers, et même de simples soldats, s'adresser directement à Bonaparte, en lui disant : *Sire, j'ai mérité la croix.* Dans ce cas, il demandait presque toujours en souriant : *Et comment ?* Alors le prétendant racontait à quelles batailles il s'était trouvé, ce qu'il avait fait, qu'on lui avait fait une injustice, etc., et Napoléon faisait inscrire son nom, ou le commandant était mandé sur-le-champ pour rendre compte de telle ou de telle circonstance. Si l'homme avait dit vrai, l'affaire était bientôt arrangée. Le ton que les officiers, et quelquefois même les soldats, se permettaient vis-à-vis du chef du gouvernement, aurait été choquant de la part de toute autre nation; mais il ne l'était pas de la part des Français, dont le caractère est naturellement impétueux. Un officier auquel Napoléon avait, peut-être sans motif, reproché d'avoir manqué quelque entreprise, se défendait du haut de son cheval à la parade, en présence d'une centaine d'officiers et de généraux, avec une vivacité et des gestes qui faisaient craindre pour lui. Mais Napoléon ne se formalisait point de ces hardiesses, et gardait le silence. Par une impétuosité sans frein, il donnait souvent motif, même aux généraux, de lui répondre d'une manière assez rude. Il adressa un jour des reproches au général Sébastiani, en soutenant que sa cavalerie avait moins fait que celle du général Latour-Maubourg, qui avait pris tant de drapeaux, de canons, et qui avait fait tant de prisonniers, et termina par ces mots terribles : *F....., faites autant qu'eux ; vous commandez de la canaille, et non pas des soldats.*

Sire, je ne commande pas de canaille, riposta Sébastiani, d'un son sec et ferme, en lui représentant que, dans l'état où elles étaient et au milieu de tant de privations, ses troupes n'avaient pu faire plus. Le duc de Tarente l'appuya, et tous les deux parvinrent à lui imposer silence; tandis que Caulincourt, pour éviter le scandale, avait prié tous ceux qui étaient présens de s'éloigner. Alors Napoléon, donnant l'essor à sa mauvaise humeur, parla avec la même violence contre les commandans des régimens de la division Sébastiani qui défilaient devant lui, et combla d'éloges les hauts faits de la cavalerie de Latour-Maubourg (1).

---

(1) Je n'ai jamais assisté à de pareilles scènes; mais j'en ai été informé de bonne heure quelques instans après. A Muglitz, près de Pirna, Napoléon, emporté par un

Lorsqu'il avait dispensé quelque faveur, ses gardes s'attendaient ordinairement à quelque affaire bien chaude. Les préludes les plus certains en étaient les harangues à la troupe, et la remise de l'aigle aux bataillons. Si son attente avait été trompée, ou si, malgré ces préambules, aucune scène sanglante n'avait eu lieu, ce qui est arrivé à l'égard de plusieurs combats projetés par lui, par les retraites sagement calculées des alliés, alors la fureur de Napoléon éclatait. Il s'irritait de ce que ces farces théâtrales avaient manqué leur but.

Il est arrivé plus d'une fois que les paroles de Napoléon ont produit sur les soldats l'effet d'une influence magique. Mais de toutes les

accès de dépit, frappa un de ses généraux à la figure. Ce penchant à une colère excessive était connu ; et cependant j'ai entendu quelques officiers supérieurs dire, à son égard: *Croyez-moi, il n'est pas méchant.* Plusieurs de ses serviteurs lui étaient attachés par les faveurs qu'ils en avaient reçues, et l'on peut dire qu'un sentiment de reconnaissance s'éveillait en lui de temps en temps. Au fait, il se souvenait, après quelque temps, des personnes dont il croyait avoir reçu des services utiles, et il tâchait de les récompenser, sans en exiger d'autres sacrifices personnels. *N'ai-je pas donné une pension? Il faut lui donner une pension*, disait-il avec une espèce de cordialité, après avoir pris des renseignemens. Quelques jours après, l'expédition était en règle.

scènes bruyantes de la guerre, celle de la distribution des aigles faisait le plus d'impression. Plusieurs des nouveaux bataillons avaient reçu leurs drapeaux avant que de sortir de France. Ces drapeaux étaient faits de manière qu'au-dessous de l'aigle élevé sur la tête de la bannière, il y avait encore un drapeau brodé, semblable aux guidons de la cavalerie. Tout cela était couvert d'une enveloppe de peau, qui ne pouvait être enlevée que lorsque Bonaparte allait en cérémonie remettre l'aigle au bataillon. En attendant, il restait comme en dépôt. Le jour fixé pour la solennité, Bonaparte paraissait, accompagné de tout son état-major, et se plaçait devant le milieu du régiment. Celui-ci formait, en trois colonnes serrées, trois fronts tournés vers le centre. Le quatrième front était rempli par la suite de Napoléon. Tous les officiers du régiment étaient assemblés devant lui. Il se tenait isolé de sa suite, avec sa simple capote verte, ordinairement sur sa jument couleur chamois, son cheval favori dans cette campagne ; on le distinguait d'autant plus facilement à la simplicité de sa mise, que tous ceux qui étaient à proximité contrastaient avec lui par leurs brillans uniformes bleus, richement brodés en or (1).

---

(1) Quoique la convenance exigeât que dans certaines occasions on ne parût devant Napoléon ni en redingote,

Lorsque le prince de Wagram (comme major général), et, en son absence, le duc de Vicence (Caulincourt), en sa qualité de premier grand dignitaire après Berthier, mettait pied à terre et faisait déployer le drapeau, qui était porté devant les officiers assemblés; tous les tambours du régiment battaient la caisse jusqu'à ce que Berthier eût pris l'aigle et se fût placé devant le rang des officiers, en s'éloignant du reste de la suite. Le puissant et honoré Berthier se montrait, dans cette occasion, sous un aspect vénérable.

Bonaparte levait sa main gauche vers l'aigle, en tenant les rênes avec la droite (1). Ensuite il prononçait, par exemple, le discours suivant, d'une voix sonore, solennelle, mais pas trop forte, que l'on pourrait désigner par l'expression musicale *mezza voce :*

« Soldats du 26me régiment d'infanterie légère ! je vous confie l'aigle français; il vous servira de

---

ni en manteau, aucun de ceux qui l'entouraient n'était gêné sur la mise pendant la campagne, lorsque le temps était mauvais, etc.

(1) On le voyait souvent commettre cette faute, contre les règles du manége. Lorsqu'il trottait ou galoppait, il laissait ordinairement tomber sa gauche avec nonchalance, tandis qu'il tenait les rênes avec la main droite, en l'agitant sans cesse.

point de ralliement! Vous jurez de ne l'abandonner qu'en mourant! Vous jurez de ne laisser jamais faire un affront à la France! Vous jurez de préférer la mort au déshonneur! Vous jurez? »
Il appuyait particulièrement sur ces derniers mots avec un certain ton et beaucoup d'énergie. Ce mot était le signal auquel tous les officiers élevaient leurs épées, et tous les soldats, d'un commun accord, criaient, pleins d'enthousiasme, à haute voix et avec les acclamations accoutumées: *Nous jurons!* Ensuite Berthier remettait l'aigle au régiment, et les colonnes, formant le fer à cheval, se séparaient au moment où Napoléon s'éloignait.

De cette manière il distribua, le 15 octobre, les aigles qui flottaient ensemble, à trois régimens différens.

Les Français se laissent monter la tête aisément: je ne me suis jamais aperçu qu'une pareille circonstance ait manqué d'exciter l'enthousiasme, qui était quelquefois sincère, mais souvent extorqué par les commandans et les officiers, afin de se mettre dans les bonnes grâces de Bonaparte. A la fin de la campagne, la misère et les privations lui ravirent l'affection du simple soldat, qui préférait affronter la mort sur le champ de bataille, plutôt que d'endurer la faim. Cependant une partie de la jeune Garde continuait de pousser ses cris ordinaires, et même à l'époque où, abandonné par la fortune, il fut battu et forcé de quitter la Saxe, ces cris furent répétés alors avec une impétuosité incroyable, comme pour le consoler dans l'adversité. A l'époque des marches forcées, qui continuaient toujours sans provisions de bouche, dans les environs de Dresde, Bautzen et Pirna, les *vivat* de ce même corps ne retentissaient que faiblement; et l'on entendait dire par quelques soldats : *Personne ne veut crier !*

C'était un usage établi, que lorsque Napoléon rejoignait sa Garde pendant une marche, celle-ci aussi vîte que possible se formait en colonne ou en front, et tout le coprs de musique jouait jusqu'à ce que le cortége impérial fût passé ; ce qu'on faisait aussi, quand la garde s'arrêtait pendant la marche. Mais le reste de l'infanterie s'inquiétait en général fort peu de lui. Les musiciens commençaient à manquer depuis que la plupart d'entr'eux furent ensevelis sous les glaces de la Russie. Tandis que les armées allaient en avant, les différentes armes, l'artillerie, la cavalerie et l'infanterie se pressaient les unes sur les autres pour passer. Cette irrégularité, cette nonchalance, qui s'étaient glissées dans les troupes françaises, entraîna leur ruine totale à l'époque de leur retraite. Napoléon s'est souvent trouvé forcé de se frayer un chemin pour lui et pour sa suite au milieu de cette masse d'hommes ; et de pauvres fantassins étaient renversés par l'arrière-garde. Qu'on se représente le désordre que doit produire une suite impériale avec tous ses officiers, domestiques, chevaux conduits à la main, en traversant une colonne d'infanterie! Les troupes françaises étaient accoutumées à ces désordres par leurs généraux et autres officiers supérieurs, qui tous marchaient à peu près de la même manière, et dont le départ retardé devait nécessairement produire une pareille confusion. Quelle différence entre ces marches et celles des armées des autres puissances, qui, sous les peines les plus sévères, étaient obligées de marcher homme par homme, sans que personne osât traverser une colonne.

Les suites trop nombreuses étaient non-seulement nuisibles dans les marches, mais elles l'étaient encore plus, et occasionnaient beaucoup de mal dans les batailles : car l'ennemi, qui observait tout d'un œil attentif, dirigeait son artillerie vers le point où un général et sa suite se faisaient remarquer. Voilà pourquoi, lorsque Napoléon pénétra dans la Silésie, le 25 mai (ayant été plusieurs fois reçu par les boulets ennemis près de Dresde et de Bautzen), on vit paraître au quartier général un réglement sur la marche, d'après lequel aucun cavalier ne pouvait suivre immédiatement Bonaparte, excepté :

Le prince de Neufchâtel (Berthier);

Le grand écuyer (Caulincourt);

Le maréchal de service;

Le général Guyot, en sa qualité de commandant des escortes ou guides des chasseurs;

Deux adjudans;

Deux officiers d'ordonnance;

Deux officiers, comme interprètes des langues russe et allemande;

Un page;

Un palefrenier attaché à la personne de Napoléon, et Rustan.

Tous les autres individus de la maison de Bonaparte devaient, ainsi que l'escorte, rester en arrière à une distance, je crois, de trois cents toises. Où il y avait beaucoup de danger, Napoléon avait l'habitude d'aller en avant, tout seul, avec Caulincourt, ou Berthier, et un page, soit à cheval, soit à pied, et de renvoyer les chevaux près de quelque tertre ou de quelque maison, pour n'être pas remarqué. Le moment où il s'éloignait était ordinairement le signal d'une canonnade, soit que l'ennemi se fût aperçu que Napoléon était là avec sa suite, ou que lui-même fît venir de l'artillerie par des détours pour la faire agir sur le point qu'il venait de visiter.

Le service des officiers d'ordonnance était aussi pénible qu'honorable. Ces jeunes gens appartenaient aux premières familles de France:

Tome I.

c'étaient des fils de diplomates, de généraux, de sénateurs, qui se distinguaient par leur talent et leur éducation, mais qui avaient aussi le triple orgueil d'appartenir à la grande nation, d'être bien nés, et d'occuper des postes d'honneur. Leur élégant uniforme contribuait beaucoup à flatter leur vanité. Cet uniforme était le même que celui des employés civils supérieurs de la maison de Napoléon, tels que le grand maître de la garde-robe et l'écuyer : habit bleu clair avec une élégante et riche broderie en argent, et chapeau avec des plumes noires. Il n'y en avait ordinairement que deux de service ; mais lorsqu'on donnait une bataille, Napoléon disait simplement : *Un officier d'ordonnance* (1) ! Celui dont c'était le tour, allait porter des ordres à un maréchal. Le porteur était obligé de les répéter, chemin faisant, car souvent ces ordres contenaient des récits de tout ce qui s'était passé pendant une journée toute entière. Alors l'autre camarade s'approchait de Napoléon, autant que possible, ou montait à cheval pour se mettre en marche au premier appel (2). Souvent ils étaient

---

(1) Il y ajoutait ensuite quelquefois : *Allez un peu aux avant-postes, voyez ce qui se passe.*

(2) Je dis à dessein *se mettre en marche*, et non pas courir ; car je n'ai jamais vu un officier français courir avec la vitesse qu'on appelle véritable carrière de cava-

envoyés en courriers avec des ordres pour des généraux commandant un corps, et ils restaient là jusqu'à ce qu'une affaire décisive eût eu lieu, après laquelle ils devaient retourner vers Napoléon, pour l'en informer, soit de vive voix, soit par écrit. D'autres fois ils étaient envoyés en reconnaissance, pour lever au coup d'œil les plans de quelques terrains, à peu de distance, qui étaient intéressans pour Napoléon, à cause des rivières qu'on y avait à passer, ou des retranchemens qu'on y devait élever. La plupart de ces jeunes gens étaient choisis dans le corps de l'artillerie ou dans celui du génie; mais il y avait aussi quelques individus pris dans la cavalerie qui, par suite, passaient dans un régiment avec le grade de chef d'escadron. Deux d'entr'eux furent ainsi employés dans les gardes d'honneur nouvellement établis. Celui qui s'était montré capable avait la perspective d'obtenir, même comme officier d'ordonnance, le rang de chef d'escadron, et de devenir, par la suite, colonel et aide de camp de Bonaparte. Le nombre des officiers d'ordonnance était fixé à douze; mais leur nombre n'était pas complet au commencement de la campagne. Un seul d'entr'eux, appelé Beranger,

---

lerie. Le temps ordinaire était toujours un galop, ou un trot irrégulier. Les officiers d'ordonnance étaient ceux qui montaient le mieux à cheval.

était resté dans les environs de Dresde ; les autres s'appelaient Gourgault, premier officier d'ordonnance, Athalin, Pretet, la Place, Lauriston et Dessaix (fils ou neveu du général connu de ce nom), Paillou, Lamezan, Caraman, Saint-Marsan.

Pendant la campagne, Napoléon avait quatre pages auprès de lui, qui étaient faits pour endurer les fatigues, et qui, en cas de besoin, pouvaient être envoyés en commission ; deux pages de chasse qui, par la suite, obtenaient ordinairement des emplois civils ou à la cour ; deux autres qui, de coutume, entraient dans l'armée. L'un des deux était chargé d'amener le cheval de Bonaparte, de porter le télescope, de faire préparer les relais, etc.

Rustan portait sa bouteille de campagne ; quelquefois c'était un piqueur, comptant plusieurs années de service, qui en était chargé. Ce n'était que rarement, ou lorsque l'on s'était passé du déjeûner, que Napoléon prenait, chemin faisant, quelques gouttes de vin ou de liqueur ; ce cas excepté, il ne prenait rien ou peu de chose depuis le déjeûner jusqu'au dîner, c'est-à-dire depuis neuf ou dix heures jusqu'à six ou sept heures du soir.

Pendant une campagne, Napoléon ne se ménageait point pour ce qui concerne le travail ; mais son caractère inquiet repoussait tout ce qui présente l'idée d'une occupation uniforme. Cependant il avait, sur les personnes dont il était entouré, et qui le secondaient dans ses opérations, le grand avantage de s'occuper quand il lui plaisait, et de choisir ses momens de relâche; tandis que ceux qu'il employait, toujours en butte à son caprice, pouvant être appelés à tout moment, le jour et la nuit, étaient réduits à dérober, au hasard, quelques instans pour se délasser. Sa volonté les mettait tous en mouvement; et l'ouvrage commun ne pouvait être interrompu, lors même qu'un de ceux dont il se servait comme instrumens se trouvait fatigué. L'activité infatigable de Bonaparte lui-même les tenait tous en haleine depuis le premier jusqu'au dernier; mais lui seul avait l'avantage que l'exécution d'un plan, qui lui ravissait le repos de la nuit, relevait sa propre gloire, et que ce qui servait d'aliment à son imagination, fortifiait son corps par le plaisir qu'il éprouvait à se peindre d'avance les jouissances de son ambition, et à en entretenir les autres. Cette disposition d'esprit est particulièrement applicable à la période de sa prospérité : car si le corps se fortifiait par l'élan des idées, par une perspective favorable dans le cours brillant des heureux jours, il ne pouvait résister long-temps à l'impression des obstacles, sans cesse renaissans, à des revers qui, tenant les facultés de l'ame dans une tension continuelle, épuisent les forces physiques. Mais la supériorité d'un esprit audacieux consiste précisément dans la faculté de s'élever au-dessus des incertitudes et des contrariétés qui paralysent les ames faibles, de braver les dangers, de ramener habilement la fortune par la force et la ruse, et de déterminer enfin le destin en sa faveur par l'emploi de ressources nouvelles.

Napoléon portait dans le travail une facilité et une pénétration incroyables. Ceux qui l'environnaient parlaient avec étonnement de la marche systématique et de l'abondance de ses idées dans tout ce qu'il dictait à ses secrétaires et à ses adjudans. Des sujets qui remplissaient plusieurs pages, y étaient traités avec une méthode admirable. Ceux qui écrivaient sous sa dictée, surtout les secrétaires, devaient être à même de répondre sur toutes sortes de demandes et de propositions relatives aux affaires politiques ou militaires. Lorsqu'il recevait des dépêches, il questionnait les officiers qui se trouvaient près de lui, sur la position des lieux mentionnés dans les dépêches, avant qu'ils pussent savoir si ces lieux étaient en Silésie, en Espagne ou ailleurs. Ce n'était qu'après avoir jeté un regard sur la signature de celui qui avait envoyé la dépêche, qu'on pouvait deviner ce que Bonaparte voulait dire, et lui indiquer sur la carte ce qu'il demandait. Il lui arrivait très-rarement d'ajourner un travail; cependant quelquefois il remettait au lendemain des affaires qu'il ne lui convenait pas de traiter pour le moment, et il ordonnait de les reproduire. S'il rencontrait un courrier en route, souvent il s'arrêtait; et alors Berthier ou Caulincourt s'asseyaient par terre, pour écrire ce que Bonaparte leur dictait, pour être adressé aux commandans des différens corps. Ensuite on envoyait tous les officiers de différens côtés, de manière que souvent il n'en restait presque aucun auprès de lui. Lorsqu'il attendait des nouvelles de ses généraux, et qu'on présumait que quelque bataille pouvait avoir eu lieu, il était dans la plus vive inquiétude, et au milieu de la nuit, il faisait appeler un ou plusieurs de ceux qui travaillaient dans son cabinet : *Appelez d'Albe ; que tout le monde s'éveille !* s'écriait-il. Cela arrivait toujours vers une ou deux heures du matin : car durant la campagne, il se couchait de très-bonne heure, c'est-à-dire, à huit ou neuf heures, aussitôt qu'il avait dîné. Son lit de campagne le suivait par-tout sur des mulets, et on le dressait dans les petits endroits où il n'y avait pas les meubles nécessaires. Aussitôt que sa chambre était prête, très-rarement il dormait une heure dans la journée; cela n'arrivait que lorsqu'il avait été épuisé de fatigue, pour avoir passé la nuit au bivouac. Ce fut au retour de Neumarck et après la conclusion de l'armistice, que Napoléon dormit à Gœrlitz, peut-être la seule fois de l'année, pendant dix heures de suite, depuis neuf heures du soir jusqu'à sept heures du matin, sans interruption, et sans appeler aucun de ses gens. C'était un événement presque inouï, à ce que ses domestiques assurèrent, et ce qui prouve que cette circonstance l'avait délivré, du moins momentanément, de toute espèce de souci. Mais le jour suivant n'en fut que plus fatigant, Bonaparte était en voiture : après avoir jeté par la portière différens écrits, il examina avec Soult et d'autres généraux une grande partie, ou du moins les points les plus importans, du champ de bataille de Wurschen, ce qui dura jusqu'à sept heures du soir. Il fallait très-souvent, que le grand écuyer travaillât avec lui la plus grande partie de la nuit. Une autre fois, ayant commencé à dicter à deux heures du matin, il travailla jusqu'à quatre heures, et se coucha de nouveau. Le travail le plus pénible, celui de mettre au net ce qui avait été écrit en chiffres, restait à faire aux secrétaires. Souvent il travaillait la nuit toute entière ; Rustan lui apportait le café, et il se promenait dans son cabinet, bien éclairé, en robe de chambre, et ayant la tête enveloppée dans un mouchoir de soie bigarré, qui avait l'air d'un turban. Il parlait ou il dictait sans cesse. C'était alors que les officiers et les généraux recevaient leurs ordres; et lorsqu'il avait ainsi laissé passer le temps du repos, vers la pointe du jour il prenait un bain pour se fortifier. Mais cela arrivait rarement. Habituellement il travaillait depuis deux jusqu'à quatre heures du matin ; ensuite, il reposait, ou il méditait pendant une couple d'heures. Son carrosse de voyage était disposé de manière à ce qu'il y pût dormir et s'étendre sur des matelas. Entre le siége qu'il occupait et celui de Berthier, il y avait quelque différence; ensorte que celui qui l'accompagnait ne pouvait pas se coucher. Habillé en uniforme, et la tête enveloppée dans un mouchoir bigarré, il pouvait dormir en voiture comme s'il eût été dans son lit. L'intérieur de sa voiture avait une quantité de tiroirs fermés à clef, et contenant les nouvelles de Paris, des rapports qui n'avaient pas encore été ouverts, et des livres. Vis-à-vis de Napoléon était placée la liste des endroits où les relais étaient prêts; et une grande lanterne accrochée sur le derrière de la voiture en éclairait l'intérieur, tandis que quatre autres lanternes répandaient leur éclat sur la route. Les matelats, que Rustan arrangeait, étaient emballés avec adresse dans la voiture, et au-dessous du magasin étaient casés quelques flambeaux de réserve. Rustan, tout seul, était assis sur le siége, et six gros chevaux limosins, conduits par deux cochers, tiraient le carrosse, qui était simple, vert, à deux places et bien suspendu.

L'habit de Napoléon, simple et propre, est si connu par les gravures et les portraits qu'on a faits de lui, qu'il serait inutile d'en parler. Je dirai ici seulement, qu'on se trompe, si l'on croit que lors d'une bataille il portait toujours sa redingote grise par superstition, ou pour se rendre méconnaissable. Dans l'été, ou lorsqu'il faisait beau, il portait comme à l'ordinaire, même dans les batailles, son uniforme vert avec le crachat de la légion d'honneur; mais lorsque le temps était froid ou humide, il avait par-dessus l'uniforme cette redingote grise connue de tout le monde. Je l'ai vu une seule fois couvert d'un manteau bleu, dont le collet était brodé d'or à quatre couleurs, et l'on prétend que c'est le même qu'il portait dans le temps qu'il était général de la république. Il s'était fait faire à Dresde, pendant l'armistice, un autre habit du *matin*, bleu, moderne et simple. Napoléon ne se servait qu'à regret de l'un et de l'autre. Le jour qu'il avait choisi lui-même pour son jour de naissance, il paraissait à la grande parade avec le grand uniforme de sa Garde, bleu et rouge, brodé d'or; ce jour excepté, il était toujours habillé de même; et lorsque l'incendie de Rossnig eut consumé le peu d'habits qu'il avait avec lui, il n'avait même pas de quoi changer, et il fut obligé de se faire faire à Breslau quelques culottes à la hâte : on voit par là, que le grand maître de sa garde-robe n'avait pas beaucoup d'occupation.

Napoléon n'était pas monté en chevaux comme un empereur aurait dû l'être; il en avait environ huit ou neuf pour son propre usage, dont le meilleur et le plus beau était un cheval bai, de race arabe, avec la queue et la crinière noires. Plusieurs officiers auraient été honteux de monter les autres; ils étaient petits, sans extérieur, mais commodes et sûrs, presque tous chevaux entiers, et avec la queue longue. Outre le cheval bai, il avait encore très-souvent deux alezans et deux blancs (1). Comme il n'était pas bon cavalier, tout ceux qui par accident s'approchaient de lui étant montés sur une jument, devaient prendre garde que Napoléon ne leur fît vider l'arçon par l'effet des cabrioles de son cheval. Peu de temps avant de quitter Dresde pour la dernière fois, il lui arriva un accident fort bizarre : il était sorti à cheval pour se promener ou pour faire une reconnaissance; son cheval s'abattit dans la rue de Pirna, quoiqu'il allât au pas, de manière qu'il resta quelques minutes couché par terre, jusqu'à ce que

---

(1) Un de ces derniers, dont le roi de Saxe lui avait fait cadeau, était revenu heureusement de la campagne de Russie, en 1812; comme il n'y en avait guère à l'armée, les Français faisaient un grand cas des chevaux qui avaient survécu à la terrible catastrophe. *C'est un cheval de Moscou*, était le plus grand éloge qu'on pouvait donner à un cheval. On les payait fort cher. La perte que les généraux ont essuyée à cette retraite est immense.

Caulincourt et d'autres arrivèrent pour l'aider à se relever; il resta tranquillement et paisiblement à pied, le visage tourné vers sa suite, jusqu'à ce qu'on lui amenât un des chevaux de main qui étaient derrière l'escorte. Quelques personnes ont regardé ce singulier accident comme un présage frappant de sa chute.

Il laissait aller nonchalamment son cheval au pas ou au petit trot, et lui-même se laissait porter, plongé dans ses réflexions. Son cheval était accoutumé à suivre les deux chasseurs ou officiers d'ordonnance qui le précédaient. Napoléon aimait passionnément marcher à travers champs, sans que personne sût où il allait. Les chasseurs de la Garde s'étaient tellement familiarisés avec cette habitude, qu'à la première direction que Napoléon prenait, ils connaissaient parfaitement l'endroit vers lequel il se dirigeait. Il aimait tellement les chemins de traverse, et les sentiers, que plusieurs fois se trouvant dans des endroits montueux ou dans des chemins impraticables, il était obligé de mettre pied à terre; c'était toujours une chose désagréable pour lui, que d'entendre parler de difficultés ou d'impossibilités: *on ne peut pas!* disait-il avec un ris moqueur, et il ne renonçait ordinairement à son projet que lorsqu'il était convaincu lui-même de l'impossibilité d'avancer. Lorsque le chemin était marécageux ou malaisé, le grand écuyer le devançait de quelques pas, pour examiner le chemin sur lequel Napoléon devait le suivre. Lorsqu'il arrivait à quelque endroit qui lui était devenu désagréable ou odieux à cause de quelques pertes, il le traversait au train de chasse. J'ai observé cette particularité, sur-tout pendant la retraite sur Hainau, où les deux bataillons sous les ordres de Ney ont été anéantis; à Markersdorf, où Duroc fut tué; à Reichenbach, et plus tard à l'endroit qu'on appelle le Cavalier-Saxon entre Bischoffs-Werda et Bautzen. Dans ce dernier lieu, un convoi français de munitions, composé de soixante-dix voitures, qui était alors de la plus grande importance pour l'armée, fut surpris par les cosaques, qui les firent sauter en l'air. Il fût facile de remarquer la mauvaise humeur de Napoléon, lorsque le lendemain, passant sur cette même route, il entendit le rapport de l'officier qui lui donna les détails de ce malheureux événement. En voyant les premiers débris qu'il trouva à la sortie du bois, il piqua son cheval et le mit au grand galop; en se détournant de la route, un petit chien qui se mit à aboyer après son cheval, le mit dans une telle fureur, qu'il tira un de ses pistolets et voulut tuer le chien. Le pistolet ne prit pas feu, et il le jeta dans l'excès de sa colère. Rustan accourut ramasser le pistolet, et le remit à sa place : alors on partit au grand galop, et tout se passa dans le plus grand silence.

On voit par ces bagatelles, que la passion prédominait toujours, et que Napoléon, poussé par l'effervescence du sang méridional, ne pouvait renier son origine. Quelquefois on le voyait le visage serein, et chemin faisant il chantait ou prononçait quelques mots italiens en forme de récitatif; il s'amusait aussi avec le prince de Neuchâtel, un de ses maréchaux, ou avec le roi de Naples : lorsqu'il était de bonne humeur et tranquille, il parlait à ses généraux d'un ton confidentiel et complaisant. Quelquefois il criait d'un ton amical : *Berthier, ou grand Mortier* (Mortier était d'une grande taille, et aurait pu se présenter comme chef de file de sa Garde); mais il prenait un autre ton lorsqu'il s'agissait d'affaires de service, car alors il disait, *le prince de Neuchâtel, le duc de Trévise*, etc.

Il s'exprimait laconiquement ; quelquefois il était inintelligible, parce qu'il coupait certains mots. Lorsque quelque soldat lui présentait une pétition, ou lui était recommandé, la question qu'il adressait à chacun était ordinairement : *Combien de service ?* Lorsqu'il voulait s'orienter dans quelque plaine vaste, et qu'il voulait connaître l'étendue ou l'importance de quelque endroit relativement à ses entreprises, sa demande était : *Combien d'ici à N...? Quelle population ?* Malheureusement il arrivait plusieurs fois que ce rapport, souvent inexact, servait de règle pour déterminer les logemens militaires, les réquisitions, les fournitures, les garnisons, etc. Il fixait toujours les yeux sur celui qui lui parlait, comme s'il eût voulu pénétrer jusqu'au fond de ses pensées. On ne pouvait pas lui répondre assez vite ; par conséquent il devait s'impatienter de ce qu'on était obligé de lui faire traduire tout ce qui n'était ni français ni italien. Un grand nombre de personnes se sont imaginées quoiqu'à tort, qu'il comprenait l'allemand, et qu'il le parlait même un peu ; mais je ne m'en suis jamais aperçu, et je crois au contraire qu'il n'en était rien. Ne fût-il question que d'une réponse insignifiante ou de détails donnés par des gens du peuple, auxquels Napoléon adressait des questions, il en voulait tout de suite deviner le sens, et il interrompait l'interprète, en lui disant, d'un ton qui annonçait l'impatience: *Qu'est-ce qu'il dit?* Cependant il préférait le retard que causait l'interprétation (souvent c'était Caulincourt qui s'en chargeait, car il parle assez bien l'allemand), plutôt que de se laisser vexer (si l'on nous permet cette locution triviale) par ceux qui lui parlaient en écorchant le français. Ces ignorans étaient presque toujours interrompus par l'ordre de parler allemand. Ce qu'il y avait de plus singulier et de plus comique, c'était la manière dont il prononçait les noms des lieux qu'on devinait, d'après les circonstances ou par la position, plutôt qu'on ne la reconnaissait. Il disait, par exemple, *Siss* pour *Zeitz*, *Oghirsch* pour *Hochkirch*, etc., comme font tous les Français, qui croiraient au-dessous de leur dignité d'apprendre la manière de prononcer d'après l'usage national. Celui qui a surmonté les difficultés de sa langue maternelle n'a pas d'idée de ce qu'il en coûte aux étrangers pour les vaincre ; mais, très-certainement, le Français, par trop de prédilection pour sa propre langue et trop de mépris pour les autres idiômes et pour les autres nations, se donne trop peu de peine pour les apprendre, et prétexte, à dessein et par préjugé, des obstacles que sa bonne volonté ferait disparaître. On trouvait rarement un officier d'un grade supérieur parlant couramment la langue allemande ; la grande majorité ne l'entendait que peu ou même pas du tout.

Lorsque Napoléon passait la nuit dans une ville, Berthier logeait toujours dans la même maison, et le grand écuyer tout près de lui. Le préfet du palais, ou un fourrier de la cour, allait en avant, pour faire toutes les dispositions nécessaires. Avant l'arrivée de Bonaparte, on affichait une liste, dans le salon de service, indiquant les logemens de toutes les personnes attachées à la cour. Elle contenait ordinairement :

Le prince de Neufchâtel, au palais ;

Le grand maréchal, } au palais;
Le grand écuyer,
Le duc de Dalmatie,
Le comte de Lobau,
Le comte de Narbonne,
Le duc de Plaisance,
Le général Drouot,
Le général Flahault,
Le général Corbineau,
Le général Dejean,
Le général Durosnel,
Le général Hogendorp,
Le général Pac,
Le général Korsakoursky;
Le général Guyot, commandant des guides;
Le comte de Beausset, maréchal du palais;
Le baron de Canouville, préfet du palais;
Le comte de Turenne, chambellan, grand maître de la garde-robe;
Le Baron de Mesgrigny, } écuyers de
Le baron Lennep, Napoléon;
M. Yvan, médecin de la maison,
Le baron d'Albe,
Deux officiers du bureau topographique,
Lamotte, Duvivier;
Le baron Fain, premier secrétaire du cabinet de Napoléon;
M. Mounier, } secrétaires du cabinet;
M. Jouanne,

M. Lorgne d'Ideville, secrétaire interprète de Napoléon;

Le baron Gourgault, chef d'escadron, premier officier d'ordonnance;

Les officiers d'ordonnance;

M. Vasowitz, officier polonais, interprète;

Deux officiers saxons,

Le colonel Mecquenem, commandant des gendarmes d'élite;

Les pages, Devienne, Saint-Pern, Mortarieu, Féréri;

Deux fourriers du palais;

Quatre médecins de la cour;

Le payeur de la couronne.

Un commissaire allait presque toujours en avant pour acheter tous les vivres nécessaires pour la maison de Bonaparte : viande, légumes, volailles, œufs, vin, etc. La table lui était donnée à ferme; et par-tout où Napoléon s'arrêta, même en Silésie, tous les objets de consommation étaient payés comptant; plusieurs des maréchaux, au contraire, quoique fort en état de payer, se faisaient tout fournir par réquisition : ce qui excitait des plaintes, même de la part des officiers français. On n'avait besoin que de quatorze voitures pour transporter toutes les provisions de la maison de Bonaparte; et, comme les moyens de transport étaient très-rares, et que dans certains endroits on n'en trouvait point du tout, la table des maréchaux, qui était pour les officiers, n'était servie qu'avec de mauvais vin du pays, acheté dans l'endroit même, et souvent avec de la bière ou de l'eau. Quant aux plats, on tâchait d'en avoir toujours le même nombre ; mais si les pommes de terre ou la vinaigrette venaient à manquer, la suite même de Napoléon éprouvait les angoisses de la faim ; car souvent le pain était la denrée la plus rare, et on n'en pouvait pas trouver pour les domestiques. Dans les endroits où l'on pouvait avoir quelque chose, on tâchait donc de faire quelques provisions, et de remplir les paniers dont les mulets étaient chargés, afin d'être en mesure pour un séjour de la cour dans un village, ou pour un bivouac.

Dans ce dernier cas, on dressait cinq tentes, dans l'endroit que Napoléon avait désigné lui-même tout près, ou au milieu de sa Garde. Ces tentes étaient de toile avec des raies bleues et blanches, ou d'une espèce de coutil. Deux étaient attachées l'une à l'autre, dont une était la demeure et l'autre le cabinet de travail de Bonaparte. Les grands officiers mangeaient et dormaient dans la troisième, d'après l'ordre qui a été indiqué en parlant de la distribution des tables ; la quatrième était destinée aux officiers de grade inférieur ; ceux qui n'avaient point de place restaient auprès du feu de bivouac. Enfin, la cinquième était destinée au prince de Wagram, comme logement, et comme cabinet de travail. C'était lui, qui après Napoléon jouissait des plus grandes prérogatives et de tous les honneurs. Tout le monde en parlait avec estime : malgré son âge déjà avancé, son activité et sa vivacité étaient extraordinaires ; mais il paraît que dans cette campagne, les officiers qui composaient son état-major n'étaient plus aussi habiles et aussi expérimentés que ceux dont on l'avait vu entouré autrefois, quoique le général Monthion, qui en était le chef, jouît d'une grande réputation. Au total, l'armée, dans cette campagne, était une machine trop compliquée et trop imparfaite, pour qu'on eût pu établir de l'ensemble. Les créations de places, les réformes, le renouvellement des approvisionnemens ; en un mot, la multitude des mouvemens qui survinrent plus tard, firent naître des difficultés que toute l'autorité de Napoléon ne pouvait pas toujours surmonter. Berthier faisait tout ce qui dépendait de lui pour maintenir l'ordre ; mais il paraît qu'il n'était pas assez soutenu. Le nombre de ses officiers, parmi lesquels se trouvaient beaucoup de polonais, était plus considérable que celui des adjudans de Napoléon ; mais ils étaient presque tous continuellement en mission. Bonaparte lui avait accordé comme une distinction spéciale, une garde particulière de soldats indigènes de la principauté de Neuchâtel : ils se distinguaient par le mauvais goût de leur uniforme, car on ne verra sans doute jamais reparaître une infanterie légère en habit court, couleur d'écrevisse, avec des paremens rouges. Le vieux général paraissait souvent se plaire à des singularités que tout le monde remarquait; ses officiers portaient toujours pour signe distinctif, des vestes et pantalons écarlate : le prince même paraissait vouloir imiter son maître, par le choix d'un chapeau petit et simple, qu'il portait à la façon de Napoléon ; et par la suite on le prenait assez souvent pour Bonaparte, à qui il ressemblait par la tournure, sur-tout lorsqu'il était en voiture. Toujours vif, il allait grand train à cheval, et était toujours bien monté ; ce qui s'accordait parfaitement avec ses fonctions de grand veneur. Il aimait passionnément la chasse, au point que, quand une vieille corneille lui passait au-dessus de la tête, il laissait tomber les rênes même en galoppant, et faisait mine de lui lâcher un coup de fusil. Malgré tout son zèle pour le service, et le ton sérieux avec lequel Berthier parlait à ses subalternes, je ne l'ai jamais vu impoli, ni grossier comme d'autres grands seigneurs français, et comme Bonaparte lui-même. Son ton envers celui-ci approchait d'une certaine familiarité ; mais lorsque Napoléon le faisait appeler, il prenait un air très-respectueux; et quand Napoléon lui donnait des ordres, il marchait quelque temps le chapeau à la main. Au reste, il était son compagnon inséparable en voiture, à table, dans les promenades à cheval, et dans les batailles.

On peut juger combien Napoléon imposait à ceux qui l'entouraient, par sa manière d'être avec ses plus proches parens. Il les avait rendus grands et puissans; mais il n'en était pas moins en quelque sorte redoutable pour eux, à moins que, comme son frère Lucien, ils ne lui opposassent de la fermeté et de l'indépendance. Bonaparte ne faisait pas le moindre cas du ci-devant roi de Westphalie, Jérôme; celui-ci ne figurait que comme un courtisan, pendant son court séjour à Dresde, lorsqu'à l'époque de l'armistice, il y vint saluer le chef tout-puissant de sa famille.

Napoléon témoignait plus d'estime au roi de Naples, dont il appréciait la valeur comme commandant d'un corps, sur-tout de cavalerie: le prince Murat, malgré son costume théâtral, emprunté de tous les siècles, et qui ne s'accordait guère avec la dignité d'un souverain, n'en était pas moins, peut-être comme général de cavalerie, le premier de toute l'armée française (1). Son

(1) Lorsqu'en 1796 Napoléon commandait l'armée d'Italie, le citoyen Murat était son adjudant: il contribua beaucoup au succès des batailles de Millesimo et de Montenotte; ce qui fut avoué par Bonaparte lui-même.

coup d'œil perçant, son habileté à juger des positions et des forces de l'ennemi; son intrépidité calme dans les plus grands dangers et sur les points les plus exposés, ainsi que sa contenance guerrière, sa taille forte et régulière, et son allure noble et ferme sur de beaux et vigoureux coursiers, tout contribuait à lui donner l'aspect d'un héros. A la tête de sa cavalerie il ne craignait aucun danger, et se jetait au milieu des ennemis dans toute la force du terme. Je citerai ailleurs un exemple de sa bravoure héroïque, à la journée mémorable de Leipsic. Napoléon connaissait, comme nous l'avons dit, les talens distingués de Murat: c'était lui qu'il employait, conjointement avec Ney, dans les circonstances les plus critiques. Appelé pour la seconde fois du plus beau pays de l'Europe civilisée, Murat devait aider à finir une guerre dont les intérêts lui étaient tout-à-fait étrangers; cette guerre, même avec l'issue la plus favorable, ne pouvait lui procurer aucun agrandissement, et pouvait au contraire épuiser les forces de son royaume, en aliénant de lui ses sujets, qui avaient toujours eu à se louer de son humanité, et au milieu desquels il avait vécu jusqu'alors satisfait. Napoléon paraissait faire un grand cas de son opinion, lorsqu'il se rendait sur un terrain qui avait déjà été inspecté par le roi de Naples. Je l'ai remarqué moi-même, ayant eu souvent l'occasion d'être témoin de leurs conservations confidentielles. La franchise et le ton résolu du roi, son air toujours serein, dégénéraient quelquefois en une espèce d'insouciance ; le zèle et la précision avec laquelle il s'acquittait de toutes ses missions, convenait beaucoup à Bonaparte, qui semblait goûter beaucoup de plaisir dans sa conversation. La bonne humeur de Murat ne se démentait jamais: même au milieu des affaires les plus sérieuses, il avait toujours le mot pour rire ; mais il ne semblait être considéré de Bonaparte, que sous le rapport militaire. Aussitôt qu'il était question de politique, et que Napoléon s'en occupait avec ses diplomates, le duc de Bassano ou Caulincourt, Murat se retirait, et on voyait clairement qu'il ne voulait pas s'en mêler, soit par modestie, soit par dégoût. Cependant il semblait s'accorder avec Caulincourt pour blâmer plusieurs démarches de Napoléon. Dans les combats et pendant les marches, Napoléon se tenait vis-à-vis de lui et formait avec lui, quant à l'extérieur, un constraste si frappant, qu'on avait de la peine à s'empêcher de rire. S'occuper de circonstances aussi peu importantes dans la vie humaine, que les détails de l'habillement, paraît un soin peu digne d'un lecteur et d'un écrivain éclairés; cependant, comme j'écris plutôt pour amuser que pour instruire, et qu'on connaît le costume de tous les capitaines célèbres ou celui des souverains, depuis Saül jusqu'à Charles XII, etc., par les portraits et les descriptions qu'on en a faits, on fera ici quelque mention de Napoléon avec son petit chapeau à trois cornes, sa redingote grise, sa petite taille, son gros ventre, ses chevaux sans apparence, sa mauvaise tenue à cheval, en le comparant avec son beau-frère, qui, marchant à sa gauche, attirait et fixait les regards des curieux, par sa taille, par son costume brillant, et par les riches harnois de son cheval; sa figure, ses beaux yeux bleus, ses gros favoris, ses cheveux noirs bouclés, qui tombaient sur le collet d'une *kurtkâ* (habit à la polonaise), dont les manches étroites avaient une ouverture au-dessous de l'épaule, excitaient l'attention. Le collet de son habit était richement brodé en or. L'habit était serré par une ceinture dorée, à laquelle pendait un sabre léger, droit et à lame étroite, à la manière des anciens Romains (sans branche ni garde). Le manche était d'un très-beau travail et garni en brillans, et, à ce que j'ai entendu dire, des portraits de sa famille. Ce prince portait ordinairement un pantalon large couleur de pourpre ou de sang, dont les coutures étaient garnies en or, et des bottines de peau jaune ou de nankin. L'éclat de cette parure était encore rehaussé par un grand chapeau à trois cornes garni de plumes blanches d'autruche, avec une large bordure d'or, un grand plumet également composé de quatre grandes plumes d'autruche qui divergeaient vers les quatre points cardinaux, et au milieu desquelles s'élevait une magnifique plume de héron. Les harnois, avec de beaux étriers dorés, étaient faits à la hongroise ou à la turque ; le cheval était couvert d'une housse traînante, bleu de ciel, ou couleur de pourpre, richement brodée en or ; la bride était magnifique. Il faut avouer que ce mélange de polonais, de suédois, d'espagnol, de romain, de turque et de napolitain, malgré tout son éclat, n'annonçait aucun goût. Cet amalgame d'ancien et de moderne ne trouvera sûrement point d'imitateur, même sur le théâtre. Par-dessus les habits dont nous venons de parler, le roi de Naples portait, lorsqu'il faisait froid, une superbe pelisse de velours, couleur vert foncé, garnie de fourrure de zibeline. La livrée de ses domestiques, écuyers et pages, était aussi rouge foncé, ou bleu de ciel. Il avait l'air de préférer à toute autre couleur celle de son beau ciel d'Italie. Aussi, lorsqu'il se trouvait à portée de l'ennemi, les batteries étaient-elles toujours dirigées contre lui. Du moins, on en a vu un exemple frappant dans une affaire près des bords de l'Unstrut, lorsque les batteries des alliés, placées sur une hauteur assez escarpée, dirigèrent le feu le mieux nourri sur le point où était le roi de Naples, à côté de Napoléon.

On disait que Bonaparte, malgré son goût

personnel pour la simplicité, aimait assez que sa suite parût avec un éclat qui frappait tous les yeux dans les parades, et lorsque tout était tranquille. Son état-major et ses adjudans étaient bien payés; les officiers d'ordonnance recevaient des gratifications, pour se défrayer, à la fin de chaque campagne et de chaque voyage; cependant on vit au quartier général, durant la guerre, beaucoup d'uniformes usés, sans que cette négligence eût été remarquée ou réprimandée

Maret, duc de Bassano, était, en sa qualité de ministre des affaires étrangères, le premier et presque le seul employé civil qui accompagnât Napoléon pendant toute la campagne. Lorsqu'on était en marche, ou lorsqu'il venait à la rencontre de Napoléon, on le voyait à cheval. Quoique les Français n'aient point égard à la différence des conditions, il n'assistait jamais à aucune bataille. Sa tournure annonçait un homme de cour et d'état, qui joignait aux détours les plus fins de la politique la souplesse et l'amabilité des anciens Français. Son extérieur agréable et plein de dignité lui était très-favorable. La figure et les manières de Fouché, duc d'Otrante, annonçaient la ruse et la finesse. Il s'est arrêté peu de temps à Dresde pendant l'armistice; il en partit pour les provinces Illyriennes.

Outre ces deux derniers, le comte Daru était, parmi les employés qu'on peut assimiler aux employés civils, celui qui, en sa qualité d'intendant du royaume de Saxe, travaillait le plus souvent avec Bonaparte. (1)

Le grand porte feuille qui le suivait, contenait plus d'un fléau pour le malheureux pays (2).

---

(1) M. Daru étant fort maltraité par l'auteur, nous avons cru devoir supprimer le portrait satirique d'un homme vivant qui n'est plus en place.

(1) Si l'on voulait mettre à profit les ressources d'un pays aussi riche, ressources que l'industrie particulière de ses habitans rendaient encore plus considérables, on aurait dû introduire une économie plus sage. Il aurait fallu, même pendant l'armistice, employer les soldats à la moisson, et en distribuer le produit avec le plus grand soin. Mais on gaspilla honteusement les produits de la Saxe. Les soldats regardaient le paysan laborieux comme un esclave, que ceux qui ravageaient sa propriété ne pouvaient assez pressurer. Ce que la Saxe a produit et perdu dans cette campagne destructive, est incalculable : pour s'en former une idée, il faut d'abord établir que la Saxe (chose étonnante) a nourri environ un demi-million de soldats pendant six mois; qu'une quantité immense de comestibles a été détruite; et qu'après la dénonciation de l'armistice, toutes les parties du pays qui ont été traversées par les armées, ou qui sont devenues le théâtre de la guerre, furent tellement épuisées, que les habitans se virent contraints d'acheter dans les pays voisins, en Silésie, en Franconie, en Bohême, non-seulement les grains nécessaires pour leur nourriture, mais aussi les semences pour leurs champs. D'un autre côté, il faut

L'armée de Napoléon était presque entièrement répartie dans les différentes provinces de

---

avouer que la récolte, sur-tout dans certains endroits, malgré l'humidité de la saison, surpassa l'attente générale. Dans les environs de Dresde, et dans plusieurs autres localités, la récolte du bled fut très-abondante ; celle des fourrages ne le fut pas moins ; celle des pommes de terre donna un excédent tel, que les provinces qui avaient souffert moins que les autres pendant la guerre, se trouvaient à même de fournir les semences aux autres contrées plus malheureuses. Les arbres fruitiers fournirent une nourriture journalière à des milliers de Français qui aimaient beaucoup les fruits. A la fin de l'automne, lorsque le commerce commença à se ranimer, et que les grandes routes étaient couvertes de voitures, on vit une quantité prodigieuse de fruits au marché de Freyberg, et d'autres qui furent dirigés vers les pays de montagnes. On remarqua dans cette occasion, comme dans toute autre, que la Providence n'envoie jamais un fléau qui ne soit accompagné ou suivi de quelques consolations, et de quelque soulagement, tant pour les individus que pour les peuples. Cette vérité a été démontrée, et a beaucoup contribué à soulager les malheureuses victimes d'une injuste guerre. Tandis que des milliers de propriétaires qui, en d'autres circonstances, sacrifiaient les intérêts de l'humanité à la soif de l'or, perdirent en peu de jours leurs provisions et même une partie de leurs biens. On en vit plusieurs, réduits à la mendicité, qui depuis long-temps était devenue le partage de leurs infortunés voisins. Mais ni le soulagement des uns, ni la juste punition des autres, ne sont des excuses pour les ambitieux qui ne craignent pas d'attirer la Saxe; la vieille et la jeune Garde à Dresde, dans les environs et sur la rive droite de l'Elbe, depuis la Lusace jusqu'aux environs de Mülhberg et de Torgau. Une grande partie de l'armée était en Silésie et sur la frontière de ce pays et de la Saxe, dans des cantonnemens très-resserrés (1).

Les Polonais étaient près de Zittau, le septième corps d'armée à Goerlitz et dans les environs; le corps de Marmont et la cavalerie du général Latour-Maubourg, autour de Sagen et de Freystadt. Quoique cette distribution ait subi peu de changemens, je n'en ai jamais connu les détails. Il était très-difficile pour un

---

sur les peuples tous les fléaux que produit la guerre. L'observateur, qui aime à réfléchir, trouve dans ces catastrophes la preuve de cette triste vérité, démontrée par l'histoire, que chaque génération a besoin de quelque secousse, pour apprendre, à l'école de l'adversité, à apprécier les temps de bonheur. Depuis vingt-cinq ans, presque toutes les nations ont passé par ce purgatoire; la Saxe, dont on vantait la prospérité, a été la dernière contrée qui ait avalé le calice d'amertume. Elle a souffert plus que les pays voisins, sans doute, parce qu'elle se trouvait dans un degré plus élevé de richesse et de culture.

(1) Le corps du prince Poniatowski avait traversé la Gallicie, était entré en Bohême, avec l'agrément de la cour d'Autriche, et était arrivé dans la Lusace supérieure par la route de Gabel.

étranger de recueillir au quartier-général les plus simples renseignemens sur la répartition et le cantonnement des troupes, à moins qu'il ne pût en juger par lui-même. Les officiers de l'état-major général, à peu d'exceptions près, n'avaient, à cet égard, que des connaissances partielles ; l'ensemble leur était inconnu.

Pendant l'armistice, Napoléon vivait à Dresde de manière à pouvoir vaquer librement à ses affaires, et jouir en même temps de l'agrément que lui offrait son palais, qui donnait sur un grand jardin. En général, son genre de vie était plutôt simple que fastueux : car, excepté les revues journalières des troupes nouvellement arrivées, celles d'une partie de sa Garde, et le plaisir du spectacle, il n'y avait aucune autre distraction. Les jours exclusivement consacrés au travail de cabinet, la plus grande tranquillité régnait dans le palais : aussi sans la Garde impériale, qui annonçait le séjour d'un monarque, à peine aurait-on supposé que ce fût la demeure d'un riche particulier. Les personnes qui lui étaient indispensables pour le travail, étaient celles qui l'approchaient de plus près : Berthier, Caulincourt, deux secrétaires et le colonel d'Albe, avec ses cartes, avaient leurs appartemens dans le palais; et Napoléon n'avait, en quelque sorte, qu'à faire un signe pour les faire venir près de lui. Il était logé et travaillait dans l'aile droite ; l'aile gauche était occupée par Berthier et les autres grands officiers. Le salon, avec deux chambres au milieu du palais, étaient affectés au service et à la réception de tous ceux qui se présentaient à la cour.

La journée se passait de la manière suivante : jusqu'à huit heures tout était tranquille, à moins que quelque adjudant n'eût été appelé inopinément, ou que quelque courrier ne fût arrivé; à neuf heures, il y avait lever, auquel pouvaient assister tous ceux qui avaient rang de colonel (1). Les autorités civiles et militaires françaises, ainsi que celles du pays s'y trouvaient, et la physionomie de Napoléon était observée et expliquée comme le baromètre du ciel politique. Les frères et les neveux du roi de Saxe, les ducs de Weimar et d'Anhalt-Dessau y venaient aussi quelquefois. Ordinairement Napoléon déjeûnait tout seul, une demi-heure après le lever, ou différait son déjeûner jusqu'après la parade. Mais cela n'arrivait que très-rarement. L'emplacement dit *Ostra-gehaege* (enclos d'Ostra), est si bien si-

---

(1) Cependant les officiers d'ordonnance, qui avaient fait la guerre d'Espagne, étaient admis au lever, même avec le rang de capitaine. Ils regardaient cette prérogative, appelée *droit du lever*, comme un privilége particulier qui prouvait le prix que Bonaparte attachait au service dans cette guerre périlleuse.

tué pour ce passe-temps militaire, et son étendue était telle, qu'à la grande parade du 10 août, on y vit environ 15 à 18,000 hommes. Napoléon n'avait que cent pas à faire pour s'y rendre à cheval; il pouvait même traverser une allée et un passage du jardin du comte Wallwitz, vis-à-vis son palais, et où demeurait le maréchal Soult. Quand Bonaparte arrivait, il mettait pied à terre; et les troupes qui defilaient devant lui le saluaient trois fois par les cris accoutumés. Presque tous les jours, il arrivait de l'intérieur de la France, pour compléter l'armée, de nouvelles troupes; d'immenses colonnes du train, de charriots d'une forme nouvelle, avec de nouveaux attelages, de nouveaux harnois, des effets d'habillemens neufs, de nouveaux détachemens de grosse cavalerie et de cavalerie légère, mais le tout dans un état incomplet, quoiqu'on n'eût rien épargné pour ce qui concerne l'armement. Les nouvelles pièces d'artillerie et les nouveaux régimens d'infanterie arrivèrent successivement depuis le 16 juin, pendant un mois tout entier. On voyait clairement qu'on n'avait négligé ni dépenses, ni efforts pour se procurer ces renforts, et la seule infanterie prouvait combien peu de temps il fallait pour prendre une certaine tournure militaire. On vit entr'autres un régiment de nouvelle création passer la revue avec une assurance et une prestesse extraordinaires.

Ce régiment n'avait été formé et réuni que depuis le 27 mai. Le commandant fut nommé colonel sur-le-champ ; Bonaparte y ajouta encore des promotions de grades pour neuf ou dix sujets. Dans ces occasions, les individus lui étaient présentés par le commandant ; il leur demandait le nombre de leurs années de service, les campagnes qu'ils avaient faites, et leur accordait aussitôt de l'avancement, choisissant souvent lui-même les sujets qu'il élevait en grade. Ensuite le commandant haranguait son régiment, lui présentait, *par ordre de S. M. l'empereur et roi*, les officiers avec leur nouveau grade, et terminait en leur donnant l'accolade, après quoi chacun se rendait à son poste, et on entendait encore une fois les cris de *vivat!* La vieille Garde, avec sa musique turque, bien complète, offrait chaque fois le plus beau coup d'œil. Elle était de huit mille hommes environ, formant deux régimens de grenadiers et deux de chasseurs. On se plaint de ce que cette troupe d'élite se permettait, à titre de Garde de l'empereur, des prétentions arbitraires et oppressives, sur-tout pour les logemens. Rien n'était assez bon pour eux, et on les accuse même de s'être livrés au pillage quand ils n'avaient à craindre aucune recherche.

Cependant il serait presque impossible de trouver ailleurs des soldats qui aient bravé la mort avec autant d'intrépidité et de courage, et qui, au milieu de toutes les difficultés et de tous les dangers, se soient montrés plus dévoués à leur chef et à leur service. A ma connaissance, pendant le terrible bombardement d'une redoute, à l'attaque de Dresde, lorsque la plus grande partie de la garnison était tuée ou blessée, sept hommes de la Garde impériale, qui furent appelés, s'élancèrent sur le parapet, et s'y promenèrent pour inspirer du courage aux autres, sans faire la moindre attention à une grêle de balles qui tombait sur la redoute. Deux ou trois de ces illustres téméraires furent victimes de leur courage; cette redoute étant tellement battue par l'artillerie, que le haut du parapet était détruit à la hauteur d'une coudée. Combien de milliers de ces braves ont péri dans le cours des deux dernières campagnes! Du reste, cette Garde était à peu près le seul corps de troupes françaises qui se distinguât par sa tenue et par la précision de ses manœuvres : car, lors même que les autres corps faisaient preuve d'une certaine habileté dans les évolutions, ils n'égalaient point les troupes allemandes en adresse et en facilité; leurs marches, leurs demi-tours, et chacun de leurs mouvemens étaient moins mesurés et moins réguliers. Quelques renforts de ces dernières, formant le contingent de la confédération du Rhin, passèrent par Dresde, et Napoléon en fut très-satisfait. La cavalerie de la Garde d'honneur française arriva un peu tard, et fut répartie dans les autres régimens de la Garde. Chaque parade était terminée par la revue de plusieurs corps de la cavalerie de la Garde, qui défilaient au trot ou au galop, sous les ordres du général Guyot, commandant des escortes impériales. Bonaparte montrait son impatience même dans ces occasions ; au lieu d'attendre l'approche de quelques divisions, il se hâtait d'aller à leur rencontre. Le comte de Lobau recevait de lui les ordres pour les évolutions qu'il commandait à cheval.

Dès que la cavalerie avait commencé à défiler, Napoléon rentrait pour travailler, ou faisait le tour de la ville à cheval : ces promenades avaient pour objet la fortification de Dresde, et l'érection de plusieurs nouvelles redoutes dans les environs. Il visita plusieurs fois le camp de la jeune Garde, qui s'étendait en demi-cercle à un quart de lieue de la nouvelle ville, depuis Kœnigsbruck jusqu'à la route de Bautzen. On y avait bâti des baraques solides et régulières, ce qui avait causé de grands dégâts dans le bois. En avant du camp on avait dressé un petit obélisque, sur lequel était placé le buste de Napoléon. Lorsque Bonaparte surprenait ainsi les soldats, ceux-ci continuaient leurs occupations, en gardant leur costume de camp, sans faire attention à sa présence. Lorsqu'il traversait l'Elbe, il passait ordinairement l'un des deux ponts de barques, construits au-dessus et au-dessous du grand pont. Peut-être les préférait-il parce qu'ils étaient plus larges que celui de pierre, sur-tout comparativement à la partie qu'on y avait rétablie provisoirement pour remplacer ce qui avait été ruiné par l'explosion. Lorsque Napoléon était rentré au palais, tout était tranquille jusqu'au soir ; alors il sortait plus ou moins tard, suivant que ses occupations le lui permettaient, et il revenait pour le spectacle ou pour le dîner. On sait que le dîner n'avait lieu que très-tard, à sept ou huit heures. Il dînait très-souvent, ainsi que pendant la campagne, avec Berthier seul, à moins qu'il n'y eût quelques convives de la famille royale de Saxe. Après dix heures, la tranquillité était rétablie, et tout le monde paraissait libre alors et affranchi de toute gêne. Peut-être Bonaparte travaillait alors tout seul avec un de ses secrétaires.

On s'était promis d'abord qu'il n'y aurait plus de fêtes au quartier général français ; mais il y eut spectacle ; et, à cet effet, Fleury et mesdemoiselles Mars et Bourgoin, etc., furent mandés de Paris. On jouait la comédie française sur un petit théâtre qu'on avait fait à la hâte dans l'orangerie du jardin Marcolini, contiguë au palais. Les représentations produisaient peu d'effet, à cause de la petitesse du local. De peur que la chaleur ne fût trop forte, on n'y invitait qu'une centaine de personnes de la ville, qui, avec la maison de Bonaparte et la famille royale, composaient tout l'auditoire. Quelque temps après, Napoléon désira de voir des tragédies. Mademoiselle Georges revint de la Russie; Talma arriva aussi, et l'on joua quelques pièces de Racine et de Voltaire dans la salle de l'Opéra de la ville, où les comédiens français firent briller leur grand talent, que défigure d'ordinaire l'exagération. Mais cette manière outrée, que l'on croit convenable pour un théâtre très-vaste et devant un nombreux auditoire, manqua son effet sur une scène aussi rétrécie. Du reste, on remarquait une grande inégalité dans le jeu de ces acteurs; le trop petit nombre de sujets obligeant les comiques et les tragiques à paraître dans la même pièce. Quelques petits opéra italiens qu'on donna sur le petit théâtre de l'orangerie, quelques jours après l'arrivée de Napoléon, n'étaient pas de son goût, et furent discontinués. La petitesse du local, un choix tel que des morceaux dans des opéra tronqués, enfin l'accompagnement, étaient peu favorables au succès de ce genre de spectacle. Napoléon n'avait pas voulu de grand orchestre; il avait demandé un petit nombre d'instrumens, comme s'il eût été question d'exécuter quelques *quatuors*. Cependant, madame Sandrini et d'autres virtuoses distingués reçurent des applaudissemens mérités. Les artistes français une fois arrivés, ils jouèrent exclusivement tantôt sur le petit théâtre, tantôt sur l'autre. Lorsqu'on jouait sur ce dernier, les billets d'entrée en étaient distribués de la part du comte de Turenne, directeur provisoire des plaisirs. Les spectateurs du petit théâtre étaient souvent choisis par Napoléon lui-même, sur une liste qu'on était obligé de lui présenter. Pendant les entr'actes, on distribuait des rafraîchissemens venant de l'office impérial. En général, l'administration de la maison de Bonaparte n'était point confondue avec la maison royale. Napoléon n'avait accepté que les individus les plus nécessaires pour l'éclat de sa cour, parmi les chambellans et gentilshommes de la chambre saxons, qui alternaient leur service.

Le spectacle était donc le seul amusement qui eût lieu pendant le séjour de Napoléon. On lui attribuait d'abord du goût pour les grandes promenades à pied, peut-être à cause de sa santé. Peut-être aussi son embonpoint et l'embarras des affaires s'opposaient-ils à cette distraction. On ne le voyait que dans cette partie du jardin qui était contiguë à ses appartemens. Quelquefois il se promenait en voiture ; mais, comme tout en lui était systématique, et qu'il ne sortait jamais sans but, ses excursions avaient pour objet des reconnaissances topographiques et militaires ; ce qui ne pouvait échapper à ceux qui l'accompagnaient. Pour connaître plus exactement les environs de Dresde, il en parcourait tous les rayons, sur toutes les grandes routes, et dans toutes les directions, avec cette célérité et cette activité infatigable qui le caractérisent. Il commença par la grande route qui conduit en Bohême, et visita les environs du camp de Pirna, fameux dans l'histoire; ce camp, mis en communication avec le fort de Lilienstein, allait servir de boulevard contre les armées de Bohême, et le centre des mouvemens des troupes qui couvraient la pointe orientale de la Saxe. A cet effet, on établit des ponts de bateaux au-dessus et au-dessous de la petite ville de Kœnigstein, et l'on construisit de nouvelles routes pour maintenir les communications entre les deux bords de l'Elbe, et particulièrement celles des deux routes de Silésie et de Bohême par Stolpen, Lilienstein et Kœnigstein. Cette dernière place était déjà si forte par sa position naturelle et par les derniers travaux faits à ses fortifications, qu'il n'y restait rien à faire, sinon un abattis d'arbres du petit bois, qui était à portée de l'artillerie. Lorsque Napoléon s'approcha de cette forteresse pour la première fois, étant arrivé au pont-levis inférieur, il fut étonné de voir ce rocher imposant, qui s'élevait perpendiculairement sur sa tête. La garnison, qui était sur les créneaux, regardait en bas, d'où on l'aurait prise pour une troupe de marionnettes. *Ah!* s'écria-t-il en souriant et levant les yeux vers cette hauteur immense. Il avait l'air de craindre la peine de monter, et voulait revenir sur ses pas (1). Mais lorsqu'on lui dit que la forteresse lui offrirait un point de vue très-intéressant, et qu'il n'avait que deux cents pas à faire pour y parvenir; il prit courage, et observa, d'après le plan des environs, qu'il tenait en ses mains, et avec le plus grand intérêt, toute la contrée d'alentour, sur-tout cette malheureuse position où, au commencement de la guerre de sept ans, l'armée saxonne succomba à la famine.

Lorsque Bonaparte eut examiné les points les plus intéressans de la forteresse, et le puits, qui en est la rareté la plus curieuse, on lui proposa de le descendre dans une chaise à porteur. Il s'en défendit en souriant, prit congé d'une manière très-affable du commandant et des officiers, et accorda sur-le-champ trente jours de gage à toute la garnison à titre de gratification. Je ne me souviens pas de l'avoir vu aussi gai.

---

(1) En effet, il n'aimait pas à monter; et je ne puis admettre ce que dit l'auteur de la brochure intitulée *Dresde et ses revers*, *en* 1813, que Bonaparte était monté sur l'église de Sainte-Sophie pour y examiner si le temps devenait plus beau. Il courut, comme on va le lire, de grand matin, par un très-beau temps, sur le champ de bataille.

Les travaux et les fortifications que Napoléon fit faire au-dessous de Lilienstein (c'est un rocher escarpé vis-à-vis de Kœnigstein), ainsi que près de la petite forteresse de Stolpen, placée sur le sommet d'une montagne, avaient plutôt l'air d'une pure démonstration, calculée sur l'impression que devait faire le bruit de ce camp, que de devenir une véritable ligne de défense. De pareilles mesures pouvaient tout au plus être regardées comme des moyens d'entretenir, comme nous l'avons dit, la communication entre les deux bords de l'Elbe dans cette partie de la Saxe qui était exposée aux entreprises de l'ennemi. Des retranchemens au pied de Lilienstein, entre des masses de rochers et au milieu de bois de pins, ne pouvaient contenir que quelques milliers d'hommes, qui, n'ayant point de magasins, auraient bientôt manqué de vivres, et se seraient vus forcés, faute de puits, d'aller chercher l'eau, ce premier besoin de la vie, jusqu'à la rivière, dont le lit, dans cet endroit, est très-enfoncé; l'artillerie même ne peut que repousser l'attaque de l'ennemi, sans être à même de balayer les environs et les bords de l'Elbe, à cause de l'escarpement des pentes. Si l'on songe enfin que les troupes de Lilienstein étaient obligées de faire front dans toutes les directions, et que sur un terrain coupé, et privé de communications suffisantes, rien n'était plus facile que de les bloquer et de les contraindre à se rendre; on n'aura aucune peine à se convaincre que le fameux camp de Lilienstein ne pouvait servir qu'à une comédie faite pour briller dans le *Moniteur*, et donner le change aux alliés. Dans le fait, sur un terrain coupé, déjà occupé par de l'infanterie, on ne peut avancer qu'avec précaution, faute de pouvoir connaître les dispositions de l'ennemi; mais les généraux alliés étaient trop habiles et trop clairvoyans pour ne pas juger que tous les environs de Lilienstein, étant un point isolé, seraient perdus pour les Français, lorsque Dresde, attaquée de l'autre côté, aurait été forcée de se rendre. Dans une telle position, une masse peu nombreuse n'aurait pu porter aucun coup décisif; un corps nombreux y aurait manqué de vivres. Je n'y ai jamais évalué à plus de deux mille hommes les troupes que j'y ai vues. Le terrain près du château près de Stolpen, qui peut contenir quelques centaines d'hommes, offrait aussi des difficultés. L'ancien puits creusé dans un rocher de basalte avait été comblé depuis long-temps; la ville elle-même ne peut recevoir l'eau nécessaire que par une longue suite de tuyaux, qu'on peut détruire facilement. Il y avait autrefois un aqueduc, qui n'existe plus maintenant. Ce sont sans doute ces inconvéniens qui ont déterminé les Français à abandonner ce fort, qu'on a tant vanté, avant même qu'ils eussent été menacés sérieusement. Les Prussiens firent une tentative contre Lilienstein, mais sûrement dans l'intention d'y détruire le pont de barques.

Les dispositions de défense faites par Napoléon, sur les points situés vers la Bohême, se ressentaient de l'embarras dans lequel il se trouvait. S'il ne se fût pas entêté à vouloir se maintenir, à tout prix, sur la ligne de l'Elbe, on aurait épargné des travaux immenses, et l'on aurait conservé un grand nombre d'hommes, ce qui lui importait encore plus qu'à l'Allemagne. Mais, se berçant de l'espérance illusoire de battre ses ennemis en détail, il voyait dans la Saxe le pivot de ses opérations, et considérait l'Elbe comme sa première ligne de défense. Cependant avec cette ligne il n'atteignait pas son but ; la véritable base des opérations se trouvait coupée à angle droit par ce même fleuve, qui prenait une direction diamétralement opposée aux plans de Bonaparte. Si l'Elbe avait la direction de la Saale ou du Weser, etc., même après la déclaration de guerre de l'Autriche on aurait pu penser à y établir des points de défense ; mais quel général doué de bon sens, et qui ne se fût pas fié aveuglément à la fortune, eût, comme Napoléon, entrepris de défendre l'Elbe, en livrant ses derrières à la puissante monarchie autrichienne ! La Saale, tout au plus, aurait pu lui servir de ligne principale, jusqu'à ce qu'il eût été possible de tenter une invasion dans la Bohême ou dans le Brandebourg. Cependant Napoléon ne négligea aucun point dont il pût tirer parti pour sa défense ou pour son passage. Des têtes de pont qu'on se bornait à munir de palissades et de simples parapets, furent établies le long de l'Elbe. Le ci-devant fort de Sonnenstein (le château de Pirna), qui venait d'être préparé à grands frais pour servir d'hospice à des insensés, fut mis en état de défense. On abattit les édifices, les murailles et les toits qui nuisaient à ce plan. On se débarrassa avec précipitation de tous les malades, et l'on s'empara des meubles et des provisions. Cependant on perdit de vue le but essentiel : car le fort de Sonnenstein est dominé, à une distance moyenne, de l'un et de l'autre côté de l'Elbe, de manière à pouvoir être détruit par un bombardement, sans que l'on puisse s'y opposer de Kœnigstein ou de quelque autre point (1).

---

(1) Il paraît en général, qu'on exécutait de temps en temps des travaux même inutiles sur les points que Napoléon avait indiqués d'après la carte : ces travaux étaient mal conçus et mal exécutés par un empressement inquiet ou par une soumission aveugle. Je me souviens d'un pont de bateaux avec sa tête de pont, qu'on avait établi au-dessus de Pilnitz, et qui pouvait être dominé par l'artil-

Les autres excursions de Napoléon, dirigées avec une certaine régularité, s'étendaient sur la rive droite de l'Elbe, en remontant ce fleuve dans le pays montueux entre la route de Bautzen et l'Elbe, ensuite vers Stolpen et Hohenstein, Radeberg, Kœnigsbruck, Meissen et Tharand. Elles se faisaient ordinairement après midi, et sans que personne sût où elles étaient dirigées, si ce n'était le grand écuyer, qui avait soin des relais. Ceux-ci même ne partaient que quelques momens avant, ou au moment du départ de Bonaparte, en s'arrêtant à la moitié du chemin : car personne ne pouvait connaître d'avance les projets de Napoléon, le moment de son départ, etc. Lorsqu'il était occupé, le départ était différé d'une heure à l'autre. Il partit ainsi un jour, à cinq heures et demie, de son jardin, pour Kœnigsbruck ; il descendit de sa voiture au-delà de cette petite ville, à trois lieues de Dresde : il s'orienta d'après la carte, s'informa de quelques routes, fit tourner sa voiture, et à dix heures il était de retour dans son palais. Pour se former une idée de sa promptitude, il suffit de savoir

---

lerie des montagnes voisines ; inconvénient auquel on aurait cependant pu parer. Je me souviens aussi d'une redoute devant la barrière de Dippodiswald, que Napoléon, après l'avoir examinée, fit démolir, et rétablir sur un point plus convenable, à quelques centaines de pas de distance.

qu'en quatre heures de temps il allait à Meissen, et il en revenait après avoir employé une partie de ce temps à faire ses observations. Le but de ses voyages était, comme nous l'avons dit, de connaître, autant que possible, toutes les localités. Mais souvent il prenait des informations sur d'autres objets, qui avaient quelque rapport avec ses desseins. Il demandait, par exemple, combien de bateaux on construisait annuellement à Schandau, à Pirna, etc.? Quel en était le prix? Si l'Elbe gelait, et à quelle époque? etc. Berthier l'accompagnait toujours. Une fois seulement Berthier, Soult et Caulincourt étaient avec lui dans la même voiture. L'empressement de connaître le pays, et son opiniâtreté à courir de tous côtés, sur-tout lorsqu'il était à cheval, ne pouvaient pas manquer de lui faire dépasser les relais, ou bien d'arriver dans des lieux impraticables, où la voiture ne pouvait pas tourner sur-le-champ. Il était obligé de descendre, et lorsque les chevaux de selle n'étaient pas sous sa main, il prenait celui d'un écuyer. Les autres faisaient comme ils pouvaient. Caulincourt était ordinairement à cheval avec l'adjudant de service ; dans ses grandes tournées, il était en voiture. Dans une de ces courses, on fit une fois, dans un seul après-midi, environ dix-sept lieues de chemin, en passant par Stolpen, Hohenstein, Lilienstein et Kœnigstein, et cela à une époque où les chemins étaient très-mauvais, et sans manquer d'examiner tout ce qu'il y avait de remarquable sur la route. Bonaparte était tantôt à pied, tantôt à cheval, tantôt en voiture. Une autre fois, les relais étaient déjà prêts, et on les contremandait, parcequ'un maréchal ou un ambassadeur avait une audience, et lui donnait une occupation nouvelle. Quand il s'agissait de grands voyages, la célérité de Napoléon était la même, et ses résolutions aussi inopinées. Au commencement de juillet, il alla à la hâte de Dresde à Luckau, où il coucha; le lendemain il passa en revue le corps d'Oudinot, se rendit à Lübben, où il passa une autre revue; et immédiatement après, en voyageant le reste du jour et une partie de la nuit, il revint à Hoierswerda. Une autre fois, il alla par Torgau à Wittemberg, à quatorze lieues de Dresde; examina, dans l'une et l'autre de ces places, les fortifications, ainsi que les travaux nouvellement commencés, et y passa les troupes en revue. Le lendemain il alla par Dessau à Magdebourg, d'où il revint à Dresde, quelques jours après, par la route de Leipsic.

C'est ainsi que Napoléon prenait connaissance lui-même de la situation, de toutes les particularités de la Saxe, et de tous les points de défense que ce pays lui offrait. Il ordonnait tous les changemens, ainsi que l'avancement des officiers de chaque corps : ainsi arrivé à Wittemberg, où il y avait une grande quantité d'officiers polonais qui, depuis la dissolution de l'armée, à la fin de la campagne précédente, étaient restés sans emploi, Napoléon les répartit entre les régimens français dans lesquels il y avait des places vacantes. Cependant cette nouvelle destination ne s'accordait guère ni avec leur goût ni avec leurs désirs.

Je remarque ici, en passant, que Napoléon, pendant toute la durée de son séjour à Dresde, faisait venir tous les dimanches dans le palais du jardin, un prêtre qui lui disait la messe; apparemment afin de passer pour bon chrétien aux yeux de ceux qui l'observaient, ou dont l'opinion était de quelque poids pour lui. Il avait parcouru la plupart des environs de Dresde, et les personnes de sa suite ignoraient encore ses intentions. L'incertitude dans laquelle il se trouvait à l'égard de l'Autriche, l'avait déterminé à des mesures de défense dans les environs de Kœnigstein, et à fortifier Dresde, ainsi que les passages de l'Elbe.

Les jours où Napoléon ne sortait qu'à cheval, il examinait les fortifications intérieures et extérieures de la capitale. On sait que les anciennes fortifications en furent, en grande partie, démolies après la paix de Vienne de 1809; par conséquent il était impossible d'en faire une forteresse régulière en peu de temps. On répara donc à la hâte les parties les plus défectueuses; l'eau fut réintroduite dans les fossés qui avaient été en partie comblés, et la ville, les faubourgs et les ravelins autour de ces derniers, furent garnis de palissades. Dresde n'est point fait pour être une forteresse : cette ville est d'abord trop enfoncée sur les deux bords de l'Elbe; ensuite le bois sur la rive droite et d'autres circonstances locales nuisent à sa défense; cependant elle pouvait être mise en état de tenir pendant quelque temps contre un corps dépourvu d'artillerie de siége, sur-tout par les fortifications de campagne qui se liaient les unes aux autres. Sur chacune des routes principales qui aboutissent à la ville, ou sur les points élevés, on établit des redoutes auxquelles on avait donné des noms, suivant l'usage français : par exemple, du côté de Neustadt, *redoute de Berlin*, *redoute de Kœnigsbruck*, *redoute des Débouchés de la Priesnitz*, *de Bautzen* ou *Marcolini*, à cause de la vacherie et des plantations appartenant au comte de ce nom : tout près de la porte Noire, la grande fortification s'appelait *Redoute impériale*. Comme il y avait de ce côté huit fortifications défendues en partie par des abattis ou des palissades, il y en avait aussi aux issues principales de la vieille ville ; Napoléon lui-même les avait indiquées toutes, ainsi que chaque détail de la fortification, soit à pied, soit à cheval, aussi se montrait-il partout, même dans les endroits presque inaccessibles. Ces dispositions donnaient de justes alarmes aux pauvres habitans de Dresde. Cependant on espérait que les négociations avec l'Autriche parviendraient à dissiper l'orage. On assurait, au quartier général français, qu'on travaillait fortement à la paix.

Dès la fin de juin, on avait expédié un courrier à Londres : le prince de Metternich avait eu, le 26 et le 30 juin, des audiences de Bonaparte, qui durèrent plusieurs heures. Des personnes bien informées qui l'entouraient, prétendaient que l'Autriche, après une guerre dont l'issue eût été des plus favorables pour cet empire, n'aurait pu en retirer autant d'avantages qu'on lui en offrait alors. Mais les alliés sentaient trop bien tout le poids que l'adhésion de l'Autriche mettait dans la balance, en leur faveur, pour ne pas élever de grandes prétentions. On était d'opinion (d'après une expression de Berthier) que si l'Autriche renforçait le parti opposé d'une armée de deux cent mille hommes, la France pouvait en mettre autant sur pied. Les hommes les plus éclairés se prévenaient à ce point sur les ressources inépuisables de la France; ils comptaient avec certitude, qu'à l'expiration de l'armistice, le théâtre de la guerre, sur la rive droite du Rhin, présenterait, du côté des Français, cinq cent mille soldats et treize cents canons; un châtiment tel que celui qu'ils reçurent dans la suite, pouvait seul dompter tant d'orgueil et de présomption.

Pendant que l'on était persuadé que les négociations prendraient une tournure sérieuse, Napoléon nomma le grand écuyer Caulincourt son plénipotentiaire au congrès de Prague. Le départ de ce dernier fut différé d'un jour à l'autre; enfin, il eut lieu vers la fin de juillet. Napoléon, qui employait tous les moyens pour se maintenir en paix avec l'Autriche, avait résolu d'avoir une entrevue à Mayence avec son épouse, non par une affection personnelle, mais par des motifs politiques. Son départ resta enveloppé dans le plus profond mystère; aucun préparatif n'en indiquait le jour; ce ne fut que la nuit du 24 au 25 juillet que partirent deux relais et quelques courriers pour ordonner des chevaux sur la route de Leipsick. Napoléon arriva le 25 à cinq heures du matin au bac, près de Meissen. Le pont ayant été détruit, il fallait se servir de ce bac pour passer la rivière. Il fut forcé d'attendre, à-peu-près une demi-heure, le retour du bac.

Jusqu'à ce moment personne ne connaissait son intention, et aucun de ceux qui étaient restés en arrière ne savaient où il était allé. Il n'avait qu'une seule voiture, avec deux adjudans auprès de lui: un écuyer, un secrétaire, quelques officiers d'ordonnance et quelques pages. Berthier était assis à côté de lui, Rustan sur le siége. Pendant qu'il traversait l'Elbe sur le bac, on remit à leur place les matelas sur lesquels Napoléon avait dormi, la tête enveloppée dans son mouchoir, comme à l'ordinaire, et l'on continua le voyage sans s'arrêter. Son absence fut de huit jours; c'était autant de relâche pour ceux qui étaient restés à Dresde. Il revint par Bamberg et Plauen; chemin faisant il avait passé en revue quelques détachemens.

On parlait beaucoup de la prolongation de l'armistice; en attendant, on ignorait le résultat des négociations de Caulincourt et du comte de Narbonne à Prague; les démarches faites pour rétablir la paix, à laquelle Napoléon attachait sans doute un grand prix, dans un moment aussi critique, paraissaient incertaines. Les prétendus sacrifices auxquels il semblait disposé étaient bien différens de ceux qu'on était autorisé à exiger de lui; aussi n'en vint-on à aucune ouverture positive, et le temps que Caulincourt resta à Prague se consuma en vaines formalités. Bonaparte pressentait peut-être que le 15 août, jour jusqu'alors destiné à la célébration de sa fête, l'appellerait à des occupations plus importantes. Il anticipa la solennité du jour de sa naissance (1) en la fixant au 10. Toutes les troupes

---

(1) Le jour de la naissance de Napoléon, tel qu'il était connu généralement, était le 15 août 1769. Mais, d'après

qui étaient postées dans les environs de Dresde, et sur l'Elbe, presque toutes de la Garde impériale furent concentrées, et se présentèrent en grande tenue sur le grand enclos de l'Ostra, pour passer la revue. Tous les militaires, tant étrangers qu'indigènes, se rassemblèrent dans cet endroit, et tous les bourgeois, à l'exception de ceux qui étaient retenus chez eux par les soucis que leur donnaient les désagrémens des logemens militaires, cherchèrent, dans cette occasion, sinon du plaisir, du moins quelque distraction.

Si les troupes françaises ne paraissaient pas avec le même éclat dont elles étaient environnées en 1812, au moment de partir pour la Russie, il faut du moins avouer que la Garde impériale, avec ses différens détachemens de cavalerie, lanciers polonais, tartares, mamelucs, chasseurs, dragons et grenadiers, offrait un spectacle magnifique. On voyait à peu près quatorze mille hommes d'infanterie, composée de gre-

---

l'Histoire de M. Salgues, citée par les Mélanges de 1814, ce jour n'a été déclaré tel que comme un moyen employé par Napoléon pour avoir le droit de se dire né Français. L'Histoire de M. Salgues dit qu'il était né le 5 février 1768. A peine peut-on croire qu'un homme tel que Napoléon, qui se croyait choisi par le destin, ait pu flatter de tels préjugés !

nadiers, chasseurs, voltigeurs, flanqueurs, etc., formant deux lignes très-étendues; Napoléon allait au galop, suivi du roi de Saxe, de tous les princes de la famille royale, et d'une suite immense. Après avoir parcouru les rangs il fit défiler toutes ses troupes, divisées en colonnes assez fortes. A midi, la Garde fut servie dans la nouvelle ville, à des tables qu'on y avait préparées exprès. Le reste du jour se passa dans ce tumulte; mais Napoléon travailla chez lui, et ne fut visible que le soir. Il dîna avec la famille royale à une table de cérémonie. Après le dîner il assista à un feu d'artifice qui fut donné dans le goût français, et qui ne fut pas d'un grand effet. Ce spectacle paraissait fait pour amuser les soldats et le public, plutôt que pour célébrer la fête d'un grand monarque.

Pendant toute la journée Napoléon était extrêmement sérieux et pensif; tout semblait plutôt lui causer de l'ennui que le satisfaire. La suspension d'armes approchait peu à peu de son terme. Ce ne fut que dans les derniers jours, et peu de temps avant la reprise des hostilités qu'on entendit au quartier général français quelques bruits sourds de la dénonciation de l'armistice par les alliés. Point de prédiction glorieuse, point de mesures pour exalter les troupes comme à l'ordinaire.

Presque tout le monde se doutait que l'Autriche avait accédé à la coalition; mais à la fin on avait l'air d'espérer qu'il en serait autrement. Ce n'était point l'effet de la crainte ; le soldat français, accoutumé à la guerre, regardait l'avenir avec une certaine indifférence, et ne pouvait renoncer à cette vie belliqueuse, si convenable à son caractère inquiet et remuant. C'était plutôt l'effet de l'ennui qu'on éprouvait après plusieurs campagnes très-pénibles, qui devenaient toujours plus pauvres en victoires et en jouissances physiques. On sentait que ce jeu hasardeux devait un jour finir, et l'on craignait que le grand colosse de la gloire nationale ne s'écroulât, si l'Autriche entrait en lice avec ses masses imposantes. Quelques-uns avaient une confiance inébranlable dans le génie de Napoléon; ils se flattaient de le voir, comme il avait fait plusieurs fois, triompher de toutes les difficultés, et profiter des fautes de ses ennemis. Mais l'observateur calme ne pouvait manquer de s'apercevoir que Napoléon était déjà vaincu stratégiquement, quoiqu'il avançât à sa manière avec le centre ; puisqu'il livrait ses deux ailes aux attaques les plus terribles de ses adversaires. Sans la réunion de l'Autriche aux alliés, l'aile droite des Français eût été du moins couverte ou appuyée, et toute l'opération aurait changé de face, quoique, pour reprendre l'offensive, et aller en avant, on rencontrât, dans les forces réunies des Russes et des Prussiens, dans l'esprit qui les animait, de pressans obstacles, et qu'il fût impossible de s'assurer des moyens de subsistances. On avait terminé de tous côtés toutes les dispositions qu'on avait pu faire. La France avait épuisé toutes ses ressources, et Napoléon avait même renoncé à ses conquêtes d'Espagne pour se procurer, avec les troupes qu'il en retirait, un noyau plus solide pour sa grande armée, tandis que Soult devait, avec les jeunes soldats, garder la frontière de la France.

Les alliés avaient, de leur côté, fait aussi les plus grands efforts pour atteindre leur but. Des guerriers appelés presque de tous les pays de l'Europe; des milliers de bouches à feu, les capitaines les plus célèbres des nations réconciliées; les dispositions combinées avec la plus grande prudence et la plus grande maturité pour la conservation et pour la direction d'une masse immense; tout était prêt.

Il paraît que Napoléon avait conçu jusqu'au dernier moment l'espoir de gagner l'Autriche, ou du moins d'obtenir qu'elle n'agirait pas offensivement contre lui. Quoiqu'il eût préparé tout ce qui pouvait concourir à sa défense, en cas de rupture, il n'attendait pas moins avec une grande impatience des nouvelles décisives de ses ministres à Prague.

Le 15 août, le prétendu anniversaire de sa naissance, son départ était arrêté; quelques jours auparavant, une foule de chevaux et de relais était partie sur la route de la Silésie; son carrosse était attelé depuis deux heures après midi, et tout était prêt pour le départ; les heures s'écoulaient, et l'on ne savait à quoi en attribuer le retard. Napoléon se promenait à grands pas dans l'allée du jardin Marcolini, accompagné du roi de Naples, qui était arrivé depuis huit à dix jours. On lui annonça que le général Narbonne venait d'arriver de Prague, et qu'il se rendrait de suite auprès de S. M. *Qu'il vienne*, dit Bonaparte, d'un ton sec et froid, qui lui était ordinaire. Narbonne arriva quelques minutes après. Le roi de Naples se retira. Le duc de B...... fut mandé, et alors s'engagea entre Napoléon et ces deux hommes d'état une conversation qui dura près d'une heure.

Quels intérêts auront été balancés et pesés dans ces momens importans! Si Napoléon avait dit dans ce moment ce qu'aurait dit tout homme aimant ses semblables : *Je veux que mon jour de naissance soit une solennité perpétuelle ; je donne la paix au monde, et en même temps un exemple de grandeur d'ame. Je me retire au-delà du Rhin, et je me tiens tranquille.* Quelle suite d'événemens dépendaient d'une telle pensée !.....

Le duc de B...... reçut des ordres de vive voix, et se retira vite avec son porte-feuille. Napoléon parla encore pendant quelques minutes avec l'aimable N......., dont la physionomie respirait la douceur et la bienveillance. Alors le roi de Naples revint. Napoléon monta en voiture avec lui, et partit pour commencer une nouvelle scène sanglante.

CHAPITRE III.

Événemens ultérieurs de la guerre après l'expiration de l'armistice, y compris la bataille de Leipsick, jusqu'à la retraite de Napoléon sur Erfurt.

En rendant compte des événemens de cette époque, qui comprend la partie la plus importante de la campagne de Saxe, et le commencement des résultats amenés par la grande lutte des peuples, au commencement du dix-neuvième siècle, je regrette d'avoir égaré des papiers qui m'auraient mis à même d'écrire avec plus de détails. En attendant, le lecteur trouvera les faits principaux rendus avec autant de scrupule et de fidélité, que les événemens précédens; de mûres réflexions et des documens dignes de foi ayant presque totalement réparé cette perte. Je ne fais aucune mention de ce que je n'ai pas vu et examiné moi-même.

Eclairé par les rapports du général Narbonne, sur sa position avec l'Autriche, Napoléon en partant de Dresde, porta sa première attention sur le camp de Lilienstein. On a prétendu (1) « qu'il avait choisi le chemin de la Bohême, » pour tromper les espions qu'il supposait à » Dresde »; mais cela n'est point vraisemblable, car son voyage coïncidait sur-tout avec le retour du général Narbonne, revenu de Prague avec la plus grande célérité. La crainte des espions ne pouvait pas le gêner dans l'exécution de ses plans; il aurait pu partir la nuit sans bruit. Enfin, la précision avec laquelle Napoléon visita les fortifications autour de Lilienstein le même soir à neuf heures, n'étant éclairé que par le feu du bivouac, prouve assez clairement que le détour qu'on fit en passant le pont de bateaux à Kœnigstein, avait rapport à un grand objet militaire, plutôt que la position de Lilienstein, qui ne pouvait être que secondaire. Les Français avaient construit une nouvelle route sur la hauteur nommée Ziegenruck, ou, pour mieux dire, ils avaient raccommodé l'ancienne. Ce fut cette route que Napoléon suivit pour aller par Stolpen à Bischofs-Werda. Le hasard voulut que les changemens faits à la route, et les décombres amoncelés fissent égarer l'écuyer de l'escorte; le détour d'une demi-heure indisposa Bonaparte, et sa

---

(1) Dresde et ses murs, l'an 1813.

mauvaise humeur s'augmenta tellement qu'il devint furieux, et éclata en injures et en menaces. Il arriva à deux heures du matin à Bautzen, où le dîner du jour précédent était encore préparé : il s'arrêta dans cette ville jusqu'au 17 au soir ; et partit alors pour Reichenbach.

Ici commença son activité pour le plan des opérations : il travaillait sans relâche ; des courriers et des officiers furent expédiés sur tous les points. La rupture avec l'Autriche était décidée : Caulincourt n'était pas encore revenu ; mais le général Narbonne et les courriers partis après lui, avaient probablement apporté des détails sur la certitude de la déclaration de guerre qui parut le 10 août. Le grand écuyer n'arriva auprès de Bonaparte que le lendemain : il le joignit à Gœrlitz, lorsque le corps du prince Poniatowski était sur le point de pénétrer dans la Bohême par Zittau.

Pendant la marche de Reichenbach à Gœrlitz, Napoléon s'arrêta à Markersdorf, et montra au roi de Naples l'endroit où Duroc était tombé. Il manda le propriétaire de la petite ferme voisine où le grand maréchal était mort, et lui assigna la somme de 20,000 fr., dont 4,000 fr. pour un monument en l'honneur du défunt, et 16,000 fr. pour le propriétaire de la maison, mari et femme. La donation fut accomplie dans la même soirée, en présence du curé et du juge de Markersdorf ;

l'argent fut compté devant eux, et ils furent eux-mêmes chargés de faire ériger le monument.

Cette affaire accessoire fut accélérée avec tout l'empressement et toute l'exactitude possibles par un des adjudans et par quelques individus de la maison de Bonaparte, au milieu de l'embarras et des mouvemens du quartier général.

Quoiqu'on ne parlât point de la guerre qui allait éclater contre l'Autriche, on savait déjà cependant, au quartier général, que l'armée alliée russe et prussienne avait quitté la Silésie en se dirigeant sur la Bohême, et qu'elle était déjà dans les environs de Münchengrœtz. Ce mouvement indiquait assez le projet de pénétrer en Saxe par les défilés de la Haute-Lusace, ou par d'autres points. Napoléon voulant probablement se procurer des nouvelles sûres à cet égard, dirigea sa marche sur la Bohême du côté de Rombourg, Gabel et Kratzau. Il se rendit lui-même, le 19 août le matin, de Gœrlitz à Zittau, fit une reconnaissance générale du pays, et passa en revue une partie du 8e corps, commandé par le prince Poniatowski. Le prince, excellent cavalier, lui présenta les cosaques polonais récemment organisés, et s'exprima vis-à-vis de lui avec cette simplicité et cette franchise qui le distinguaient avantageusement de plusieurs autres généraux. Il joignait à une grande vaillance une extrême bonté, une grande amabilité qui ne se démentaient jamais, même vis-à-vis de ses inférieurs. La noble conduite et les talens militaires de ce prince, semblaient avoir fait une grande et favorable impression sur Napoléon lui-même, car il s'ouvrait presque avec lui, et lui parlait tout autrement qu'on ne l'avait jamais entendu parler aux autres généraux. *Comment appuyez-vous votre droite?* dit-il, en l'examinant avec attention, au prince qui, en lui donnant une idée de sa position, avait montré qu'elle était bien calculée.

Il était assez tard, lorsque Napoléon, qu'on n'attendait nullement ce jour-là, suivit, je dirais presque involontairement, la partie des troupes qui entra en Bohême par Gabel. Les Français trouvèrent peu de résistance, et il leur fut très-facile d'avancer jusqu'au-delà de Gabel pour y recevoir des renseignemens sur la situation des armées alliées, d'après les rapports de quelques habitans, et tels que des bourgeois et des paysans peu expérimentés pouvaient en donner.

Napoléon ne revint à Zittau qu'à minuit, après avoir fait cette petite excursion, qui avait toute l'apparence d'une reconnaissance du défilé, ou d'une simple démonstration. De même les deux corps qui marchaient sur les flancs ne s'avancèrent que jusqu'à Romburg et Kratzau, et ne purent s'exposer davantage : ici comme sur presque tous les points de son demi-cercle, la Bohême, septentrional, a le bonheur d'avoir des limites formées par la nature, et qu'un ennemi qui n'aurait pas une supériorité décidée, ne se hasarderait pas impunément à franchir pour pénétrer dans l'intérieur du pays. Cependant, d'après les rapports des journaux français, les troupes légères avaient fait des excursions vers Prague; au moins en avaient-elles fait dans cette direction.

Dans l'incertitude du point sur lequel il devait s'attendre à l'attaque principale, qu'il considérait, comme nous l'avons dit, non pas d'après un plan, ni selon les principes de la tactique, mais plutôt d'après sa confiance en lui-même, comme un moyen de vaincre par les fautes de ses adversaires : Napoléon paraissait attendre à Zittau, à Gœrlitz, pour savoir de quel côté il avait le plus à craindre. Accoutumé auparavant à prendre l'offensive, pour tromper ses ennemis par des mouvemens qui les étonnaient, il changeait à présent de rôle, et il était lui-même forcé d'attendre pour savoir de quel côté on lui porterait le coup le plus sensible. prêt à le parer et à s'assurer de la victoire sur quelque point que ce fût, il était obligé de concentrer toujours l'élite de ses troupes. Il ne pouvait donc songer à suivre un plan d'opération solide et invariable, parce que, de la position dans laquelle il se trouvait, par l'offensive de ses ennemis, dépendaient toutes les mesures qu'il aurait eu à prendre par la suite. Le matin du 20, les mouvemens commencèrent tout d'un coup; Napoléon s'empressa de quitter Zittau. Une partie de la Garde, qui marchait de ce côté, fut obligée de tourner vers Ostritz et de se diriger vers Gœrlitz et Lauban. Une partie de la suite y fut dirigée directement par le chemin de Schœnberg, et l'on s'aperçut bien que ce changement soudain était la suite des pertes et des violentes attaques par lesquelles les Français, qui étaient postés près de Lœhn, avaient été repoussés le jour précédent sur la Bober. Napoléon, supposant que les principales forces de l'ennemi y étaient réunies, crut sa présence très-nécessaire sur ce point. Toutes les troupes qui étaient dans Gœrlitz et aux environs, et particulièrement ses Gardes, se rendirent, à la hâte, à Lauban. Entre Zittau et Gœrlitz, il fut informé, par les papiers publics, que son ennemi, le général Moreau, était arrivé à Berlin. Napoléon avait déjà entendu parler à Dresde de l'apparition de ce rival expérimenté sur le théâtre de la guerre; il parut cependant peu surpris de cette nouvelle, quand le grand écuyer l'informa en route du contenu de l'article de la gazette, concernant Moreau. Une autre circonstance désagréable obligea Napoléon à s'arrêter pour dépêcher plusieurs officiers du point même où il se trouvait.

La clef des chiffres d'une dépêche envoyée à un de ses maréchaux (je crois que c'était le duc de Trévise), s'était perdue; l'officier qui en était porteur ayant été fait prisonnier. Il fallait y remédier sur-le-champ par les ordres les plus prompts, et le bureau de la guerre fut établi, par terre, dans un petit bosquet; il était composé de Napoléon, de Berthier et de Caulincourt: Napoléon dictait en se promenant; Caulincourt était assis par terre et écrivait. Enfin, lorsque Napoléon arriva à Gœrlitz, il n'avait presque plus d'officiers auprès de lui, à qui il pût confier quelque mission. On vit, pendant toute la journée, tant à Gœrlitz qu'à Lauban, régner une activité infatigable. Les corps de Lauriston et de Marmont (le 5e et le 11e), qui campaient à côté de Lauban, reçurent l'ordre d'avancer, et Napoléon s'attendait à une affaire importante pour le lendemain, dans laquelle il comptait battre complètement l'armée de Silésie. Il resta la nuit à Lauban, et fut extrêmement inquiet, étant informé qu'il avait affaire à trois généraux pleins d'énergie et d'expérience, Blucher, Kleist et Langeron, qui pouvaient l'empêcher de faire sa jonction avec ses maréchaux.

Le 21 août, avant le jour, il se rendit promptement auprès de ses troupes, qui se précipitaient comme un torrrent sur la route de Lœwenberg. A quelques lieues de la ville, il distribua des aigles à deux régimens. C'était le moyen de les animer lorsqu'on était à la veille d'une bataille. Ensuite ayant réuni les 5e, 6e et 11e corps, ainsi que ses Gardes, il s'avança contre les généraux que je viens de nommer, près de Lœwenberg. La cavalerie de Latour-Maubourg n'arriva qu'à la fin de l'action. Son plan était de livrer une bataille générale, c'était pour lui une joie dont la seule idée le transportait. Les alliés l'attendaient dans une position avantageuse derrière la Bober, qui passe près de Lœwenberg. Napoléon, à la tête de la colonne du milieu, pouvait, sans beaucoup de difficulté, pénétrer dans cette petite ville : il perça, peu accompagné, jusqu'aux maisons les plus avancées du faubourg, où le pont, sur la Bober, avait été démoli ; il observa le local, et fit bientôt apporter, par les sapeurs et les soldats, les matériaux nécessaires pour construire de nouveaux ponts. A peine l'ennemi s'en fut-il apperçu, que les factionnaires principaux furent foudroyés par l'artillerie. Napoléon se porta sur les hauteurs en-deçà de la rivière, et fit avancer les grandes masses en bon ordre ; mais à peine se furent-elles montrées, que les généraux des alliés se refusèrent à livrer une bataille décisive dans cette position. On pourrait maintenant se convaincre que la retraite avait été précédemment arrêtée avec sagesse, dans la supposition que Napoléon lui-même viendrait pour fondre sur cette armée. La défense des hauteurs, de l'autre côté de la rivière, fut continuée, tant que l'artillerie, postée avec avantage, put nuire aux Français. Ensuite commença la retraite, qui ne coûta que la perte de quelques centaines d'hommes, avec le plus grand ordre et la plus grande tranquillité, sans que les Français eussent pu se vanter d'avoir fait beaucoup de prisonniers, ou de s'être emparé de quelques pièces d'artillerie. L'observateur tranquille et de sang froid pouvait déjà entrevoir le plan des alliés, sans avoir besoin qu'on le lui eût communiqué : car chaque pas que Napoléon faisait pour avancer était bien hasardé, lorsqu'un homme tel que le feld-maréchal Blucher évitait tout ce qui était incertain, pour attirer son ennemi là où il y avait du danger; tandis que celui-ci, en étendant sa ligne, exposait toujours ses flancs aux grandes armées qui débouchaient de la Bohême et du Brandebourg. Sans doute, quand même la grande lutte des peuples n'eût pas été décidée par des batailles mémorables et décisives, à compter de ce moment, Napoléon, harcelé et fatigué de tous les côtés, ne pouvait plus se maintenir dans la Saxe épuisée, et dont la situation lui était défavorable; privé enfin de toutes communications avec la France, il n'aurait pu résister à tant d'obstacles, et se serait vu contraint à se retirer jusqu'au Rhin. Cependant les défaites décisives des Français, qui ont amené le résultat désiré, ont été plus glorieuses pour les alliés, et ont mis un terme aux souffrances des provinces épuisées. Napoléon paraissait ne se point douter d'un plan d'opération conçu avec autant de sagacité, et qui fut exécuté avec tant de persévérance. Sa vanité était trop flattée lorsqu'il pouvait, pour ainsi dire, chasser l'ennemi devant lui. Aussi éprouva-t-il la plus vive satisfaction dans cette journée; ayant personnellement chassé les alliés, et rouvert la campagne par un succès, sans avoir perdu beaucoup de monde. Il eut de la peine à cacher sa joie, lorsque les rapports du lendemain lui firent connaître que l'arrière-garde des Prussiens et des Russes était poursuivie jusqu'à la Katzbach, près de Goldberg, après le combat qui eut lieu entre Lauter-Seiffen et Pilgramsdorf. Il alla lui-même jusqu'à moitié chemin de Goldberg; il fit ses observations sur les environs, et sur les ennemis qui étaient encore sur le carreau, et s'entretint avec les paysans (qui avaient eu assez de courage pour ne point quitter leurs foyers), en parlant avec affabilité de plusieurs choses indifférentes (1).

---

(1) Je me souviens d'une étrange question, qui ne peut provenir que de son indifférence pour toutes les religions, ou du peu de connaissance qu'il avait des

Tranquillisé sur les succès de ses armes, qui lui avaient fait gagner du terrain de ce côté, Napoléon revint à Lœwenberg où il passa la nuit.

Cependant les nouvelles arrivées de Dresde lui donnaient de l'inquiétude. La grande armée des alliés, commandée par le prince de Schwartzenberg, s'avançait vers la Saxe, et Napoléon sentait qu'il ne pouvait quitter Dresde, qui était le pivôt autour duquel toutes ses forces se tournaient, et la capitale de son allié, auquel il avait promis l'assistance la plus énergique.

Le 23 août, il remit au maréchal Macdonald, duc de Tarente, le commandement de l'armée restée en Silésie; laquelle armée comprenait les 4e, 5e et 11e corps, ainsi que la cavalerie du général Sébastiani, et retourna de Lœwenberg à Gœrlitz.

Cette marche de la Silésie à Dresde, qu'il

---

principes fondamentaux des diverses sectes. Dans un village de la Silésie, Napoléon voyant une croix, comme on en voit ordinairement dans les pays catholiques, fit plusieurs questions sur l'église et la commune, et dit entre autres choses : *De quelle confession sont-ils ? Sont-ce des chrétiens, ou des luthériens ?* Comme si les bons luthériens étaient des païens. Peut-être aussi se méprenait-il en parlant, car lors de son discours au clergé protestant des Pays-Bas, il montra des sentimens très-libéraux.

fit faire à la troupe, et sur-tout à ses Gardes, fut sans doute une des plus fatigantes de toute la campagne. L'artillerie, l'infanterie et la cavalerie partirent le 23 de Lœwenberg, et la plus grande partie était déjà arrivée le 26 après midi au champ de bataille près de Dresde. Ces troupes avaient fait près de vingt lieues d'Allemagne en trois fois vingt-quatre heures, sans être nourries régulièrement, et après avoir été fatiguées par les marches et les combats précédens.

A Gœrlitz, Napoléon voulait du moins procurer un rafraîchissement à ses Gardes, et fit demander vingt mille bouteilles de vin en payant; mais à peine trouva-t-on de quoi satisfaire à la dixième partie de sa demande. La Garde fut obligée de se contenter de ce qu'on trouva.

Le roi de Naples fut envoyé le même soir à Dresde, pour faire d'avance les dispositions nécessaires afin de repousser la grande armée des alliés. Le prince Berthier montrait beaucoup de gaîté, et disait, avec le ton de la plus grande confiance: *Eh bien! nous gagnerons une belle bataille; nous marcherons sur Prague..... sur Vienne!* Si c'était là le plan de Bonaparte, il a été changé après la bataille de Dresde, comme on peut en juger d'après les propos tenus dans d'autres occasions, et sur lesquels nous allons revenir.

Napoléon continua sa marche sur Dresde au

milieu de ses troupes ; il alla, le 24, de Gœrlitz à Bautzen. Il arriva le 25 à une heure du matin à Stolpen, où il passa toute la journée, et ne se montra que très-peu.

A peine le jour du 26 commençait à poindre, c'était le jour de la véritable attaque contre Dresde : on entendait déjà quelques coups de canon dans la direction des villages les plus près de Dresde sur la route de Pirna. L'armée des alliés était déjà avancée sur ce point : son aile droite, sous les ordres du général comte de Wittgenstein, avait délogé de Gieshubel le maréchal Gouvion-Saint-Cyr. Napoléon était très-inquiet le jour précédent ; et sur toute la route de Bautzen, il s'informait de la canonnade qui se faisait entendre toujours de plus en plus de la frontière de la Bohême. Il partit de grand matin, car il paraît que les nouvelles qu'il avait reçues lui donnèrent de vives inquiétudes sur la situation de Dresde. Il alla jusqu'à l'endroit nommé Mordgrund, où se séparent les deux routes de Dresde et Bautzen et à Pilnitz. C'était un point très-favorable pour observer la plaine située en face sur la rive gauche de l'Elbe. Napoléon descendit promptement de cheval, jeta quelques regards sur cette plaine où s'étendait l'artillerie ennemie, depuis Blasewitz jusqu'à Striessen ; ensuite il s'avança, ventre à terre, sur le grand chemin, tandis que les boulets volaient d'un côté, et que la redoute Marcolini, élevée sur la route de Bautzen, lançait ses grenades de l'autre côté. L'infanterie légère des Prussiens était déjà dans le grand jardin. Napoléon parut tout-à-fait à l'improviste devant le château royal, suivi de son armée qui avançait avec la rapidité d'un torrent. Son arrivée excita le plus grand étonnement à la cour et dans la ville; on le supposait avec ses forces principales en Silésie. On était sur le point de se soumettre aux ordres des puissances alliées, et de voir peut-être décider le sort de la ville au-dedans des murailles, si la garnison française eût fait quelque résistance. Dans le moment, au contraire, une armée immense défilait sur les ponts de l'Elbe, et paraissait venir défendre la ville opprimée; mais elle ne fit qu'en rendre le sort plus long-temps douteux.

Napoléon fit annoncer son arrivée au roi, et lui rendit ensuite une courte visite. Après avoir dirigé les troupes à leur arrivée, sur la place devant le pont vers Friedrichstadt, ainsi que vers le faubourg de Pirna, il fit une reconnaissance à l'extérieur des faubourgs depuis la barrière de Pilnitz jusqu'à celle de Freiberg, tantôt à pied, tantôt à cheval, accompagné du grand écuyer et d'un seul page; le reste de la suite resta en-deçà de la barrière, afin que Bonaparte pût faire ses observations sans être troublé, ni remarqué. Dans cette occasion, le page qui le suivait reçut une balle morte d'un tirailleur ennemi; car les troupes légères (du corps de Wittgenstein, à ce que je crois) s'étaient déjà portées du côté de Pirna dans les environs des faubourgs, et remplissaient les buissons du grand jardin. Les autres corps des alliés venant de Dippoldiswalde n'étaient pas encore aussi avancés, et on ne pouvait pas en calculer le nombre, à cause des plans inclinés qui se trouvaient sur leurs derrières. Après cette importante reconnaissance, de laquelle dépendait le plan de cette journée et celui du lendemain, Napoléon revint au château. L'attente des événemens inquiétait tous les esprits; cependant les troupes françaises filaient toujours vers les faubourgs. Elles campèrent en formant des colonnes serrées à l'issue de chacun. Après trois heures environ, commença une forte canonnade des hauteurs qui environnent Dresde en forme de faucille, par Recknitz et Zschernitz vers Dippoldiswalde. Le général Wittgenstein avait été trop faible pour s'emparer, à lui seul, d'un point aussi important. Il avait cru devoir attendre l'arrivée de la grande armée, qui était commandée par le prince de Schwartzemberg, et où se trouvaient les monarques alliés et Moreau, pour tenter de prendre Dresde d'assaut. Un jour, une demi-journée plus tôt, la ville attaquée sérieusement eût succombé, et la guerre eût pris une autre tournure. Cependant la Providence permet souvent des difficultés et des fautes pour mûrir les grandes catastrophes que l'intérêt des peuples appelle. Les mauvais chemins, et d'autres accidens contraires, empêchèrent les nombreuses armées alliées d'approcher des environs de Dresde avant que Napoléon y fût arrivé avec l'élite de son armée.

De grandes masses de combattans se déployèrent sur les hauteurs, et une artillerie presque innombrable avançait toujours avec un fracas épouvantable. Depuis Plauen jusqu'à Recknitz, on voyait peut-être cent bouches à feu rangées en première ligne, faire un feu continuel contre la ville; quantité de grenades volaient dans les rues et sur les places: Dresde était cernée de tous les côtés de la vieille ville. Les Russes s'étaient déjà emparés, depuis midi, de Lœbdau, de Kotta et des maisons dites des Cordonniers, près de Priessnitz, et le soir même la grande opération devait être consommée.

Sur les six heures, les alliés, favorisés par le terrain, s'avancèrent avec un grand courage, du côté du grand jardin et contre la grande redoute élevée devant le jardin de Mocsinsky, pendant que le bombardement de la ville continuait toujours. Cette redoute fut enlevée deux fois par les braves chasseurs autrichiens; mais les Français, sortis du jardin, la reprirent deux fois. En attendant, presque toute la garnison d'une autre redoute, qui était devant la barrière du Faucon, succomba au feu meurtrier de plusieurs batteries et des tirailleurs qui étaient logés dans le petit château de campagne (1). Les balles pleuvaient à toutes les issues des faubourgs et des hauteurs sur la route qui conduit à Freyberg : on agissait avec la même énergie contre les villages et les faubourgs d'où les Français devaient attaquer.

La scène changea au commencement de la nuit par l'arrivée des masses immenses que Napoléon avait tirées, depuis cinq heures, de Friedrichstadt et des barrières de Ramm, de Pilnitz et de Pirna, pour attaquer les flancs des alliés. On ne s'attendait pas à cette formidable résistance, animée par le génie et par les dispositions de Napoléon ; et comme, en pareil cas, l'illusion agit sur les esprits, et augmente la difficulté des tentatives en raison de la facilité qu'on croyait y trouver, la résistance de Napoléon,

---

(1) Autant que je puis le savoir, il y avait dans cette redoute, où se trouvait aussi le capitaine d'ingénieurs saxons Ullrich, une garnison d'environ cent trente-six hommes, dont quarante à peu près survécurent sans être blessés. Dans la redoute près le jardin de Mocsinski ou de Georges, les morts étaient entassés les uns sur les autres.

qu'on regardait comme inébranlable, ainsi que les réflexions sur la pauvre ville de Dresde qui serait victime de la fureur des soldats, et livrée à une destruction totale, sans peut-être amener à un résultat décisif, déterminèrent la résolution de cesser la lutte.

Depuis trois heures et demie, lorsqu'on lui annonça l'attaque de Dresde, Napoléon était monté à cheval pour se rendre à la place qu'il venait de choisir près du pont devant le château royal, parce que tout dépendait de bien diriger les colonnes à mesure qu'elles arrivaient. Des troupes défilaient en même temps sur le pont de bateaux ; mais les corps principaux passaient tous devant lui avec leur artillerie. A l'aide des connaissances qu'il avait acquises, et du talent particulier qu'il avait de calculer d'un coup d'œil la force de grandes armées, ainsi que le temps et l'espace nécessaires pour les opérations, il s'était préparé dès le matin à l'attaque qui le menaçait. Du point d'où il était, et d'après le peu de rapports qu'il avait reçus, il dirigeait les moyens qu'il fallait employer pour repousser l'ennemi. Environ à six heures, l'aile droite s'était emparée des villages de Kotta et de Lœbdau. Napoléon, plein d'inquiétude, envoya plusieurs fois pour savoir si l'artillerie de réserve était arrivée sur ce point. Enfin il apprit les progrès que les siens venaient de faire, et il dit d'un ton satisfait : « *Le village est à nous...... Ils s'en vont* » ; et à peu près en même temps l'attaque contre les deux redoutes que nous venons de nommer fut repoussée. Cependant la canonnade était encore opiniâtre : les Français ne pouvaient gagner du terrain que peu à peu ; et l'approche de la nuit prévint seule des pertes encore plus sanglantes, la position des hauteurs donnant un très-grand avantage aux alliés. Sur l'aile gauche, du côté de Pirna, le bivouac des Français était, la nuit suivante, tout près de la ville ; mais ils avaient occupé le grand jardin. L'aile droite s'était avancée tant soit peu vers la route de Freyberg. Le roi de Naples avait posté sa cavalerie en colonnes bien serrées près Friderichstadt. Le centre avait pris position devant les barrières des faubourgs vers Dippoldiswalde.

D'épais nuages couvraient l'horison ; des torrens de pluie tombèrent pendant la nuit et le jour suivant. Napoléon parcourut à cheval, et à la lueur des feux de garde, les points d'attaque de l'aile gauche depuis l'Elbe jusqu'à la barrière de Dohna, et arriva très-tard au château.

L'horreur qu'inspirait le passé, et l'inquiétude des événemens auxquels on s'attendait d'un moment à l'autre, agitaient les cœurs des malheureux habitans, et les images les plus tristes se présentaient à leur esprit. La nuit s'écoula au milieu d'un bruit affreux ; les rues étaient couvertes de charriots de poudre ; un génie tutélaire préserva la ville de la catastrophe d'Eisenach.

Le 27 août, à six heures du matin, Napoléon monta à cheval et se rendit à la barrière du Faucon, près la redoute qui, le jour précédent, avait été attaquée avec tant de violence. On voyait sortir de la terre, nouvellement creusée, les bras et les jambes des morts qui avaient été enterrés à la hâte. On alluma un grand feu, et Napoléon s'y arrêta jusqu'après onze heures, en observant et en causant avec Berthier comme à l'ordinaire. La plus grande partie de la Garde était formée en colonne à droite et à gauche derrière lui : les soldats de cavalerie étaient près de leurs chevaux. Il paraissait vouloir attendre ce que ferait l'ennemi. En attendant, la canonnade commença après sept heures, en partant du centre, et fut continuée faiblement en avançant peu à peu. On ne pouvait pas non plus faire beaucoup de progrès ; les alliés étaient maîtres des hauteurs dominantes depuis Plauen jusqu'à Strehla. Cependant l'aile droite avança vers la route de Freyberg ; il était parti de Fridrichstadt, après huit heures, en passant lentement près de Kotta et de Lœbdau. La pluie qui tombait à verse, empêcha les alliés d'observer cette diversion dangereuse qui, par la suite, leur fit perdre la communication avec les troupes destinées à protéger la route de Freyberg, et parmi lesquelles la division autrichienne de Metzko fut prise. Lorsque Napoléon fut convaincu par la forte canonnade que son aile droite avançait avec succès, il se porta lui-même sur l'aile gauche pour diriger l'attaque du même côté; mais auparavant il jugea à propos de se faire jour en avançant du côté de Strehla: il se dirigea (1), en traversant le bosquet du grand jardin, qui était occupé par une brigade d'infanterie, sur une petite hauteur derrrière et tout près le village de Strehla; cette hauteur était tout-à-fait à portée des canons ennemis, placés près de Zchernitz: ce mouvement eut lieu après midi. Il semblait que les alliés eussent le projet de reprendre ce poste et de marcher en avant: car à peine Napoléon avait-il quitté ce point, et retiré du grand jardin des renforts d'infanterie et d'artillerie, que les boulets ennemis atteignaient déjà la plaine entre Strehla et le pré; on y envoya deux régimens de cavalerie. Sur l'aile gauche, Napoléon ne pouvait pas hasarder légèrement sa fortune; la qualité

---

(1) Lorsque Napoléon s'arrêta quelques minutes près d'une barricade de charriots, un boulet arriva tout près de lui et s'enfonça par terre, sans faire aucun dégât remarquable.

du terrain offrait de grands avantages à la cavalerie ennemie, qui s'était formée en nombre considérable. Le maréchal Mortier ne s'attacha donc toujours à avancer sur la route de Pirna, qu'en profitant de l'abri que lui procuraient ces villages, et dans ce moment il se trouvait à Seitnitz.

Quiconque connaît l'art de la guerre, comprendra combien il était difficile de déployer successivement, en forme d'éventail, une masse aussi grande, mais dont les forces n'étaient pas excessives, proportionnellement à l'ennemi, et de se porter sur ses flancs. Cependant, d'après un calcul superficiel, et qui ne peut être plus exact que le temps et les circonstances ne l'ont permis, je ne crois pas que Napoléon ait été plus fort que les alliés. Il avait environ cent mille hommes dans ce combat. Je ne connaissais pas les forces de l'ennemi. Mais si celles-ci surpassaient l'armée française, quant à la masse, il ne faut pas oublier 1° que tout le plan des alliés fut détruit par l'arrivée de la grande armée de Napoléon, et que la hardiesse avec laquelle Bonaparte avait exécuté sa sortie, les avait réduits de l'offensive à la défensive; il était donc devenu nécessaire de former un autre plan, afin d'agir avec des forces concentrées sur un terrain très-étendu et très-coupé. Ce plan entraînait une foule de difficultés, quand même on eût pu envoyer, dans toutes les directions, des renforts pris du centre.

2° Lorsqu'on attaque d'après un plan fixe, et lorsque les mouvemens qui y sont relatifs sont excentriques, le temps orageux et pluvieux est un avantage important; le temps est au contraire très-défavorable à celui qui est attaqué, en lui ôtant les moyens de faire des observations exactes. Les colonnes ou les batteries peuvent cacher plus aisément les mouvemens et les marches. Le corps qui est attaqué est surpris; ce qui arriva dans cette action.

3° Les alliés ne pouvaient, dans le moment, ni connaître l'étendue des forces dont Napoléon pouvait disposer, ni savoir s'il avait renoncé tout-à-fait à la Silésie, et si toute son armée était en marche. S'ils le repoussaient, en éprouvant des pertes considérables, alors Dresde lui restait comme point d'appui, comme une source à laquelle il pouvait puiser des munitions et des vivres, tandis que les mauvais chemins les mettaient dans l'impossibilité de faire transporter les leurs: ainsi l'approvisionnement d'une si grande armée leur serait devenu tout-à-fait impossible.

4° Je ne tiens pas encore compte de la mort de Moreau, ni de l'arrivée tardive de Klenau; (on assure que cette dernière circonstance fit pencher la balance). Si un capitaine tel que Moreau avait une influence aussi grande qu'on le croit sur les entreprises projetées, on ne doit pas s'étonner de ce que sa mort, dans ce moment, amena un changement dans le plan primitif qui venait de lui.

D'après toutes ces circonstances importantes, la bravoure seule ne pouvait pas décider le sort de la journée; et il ne faut pas être surpris si le clairvoyant prince de Schwarzemberg conseilla aux monarques alliés de se retirer, puisque l'entreprise contre Dresde avait échoué.

La division du lieutenant feld-maréchal Metzko, qui avait formé l'avant-garde du corps de Klenau, fut attaquée entre deux et trois heures après midi, près de Rossthal, par la cavalerie du roi de Naples, et particulièrement par les cuirassiers saxons et la cavalerie légère française, qui parvinrent à éparpiller les carrés ennemis. L'infanterie française prit aussi quelques bataillons : on attribue le succès de cette action principalement au régiment saxon des cuirassiers de Zastrow. Les Autrichiens étaient épuisés; ils avaient perdu leurs communications avec le reste de l'armée, et la pluie avait mis leurs fusils tout-à-fait hors d'état de servir.

Ce fut là un des résultats principaux de la bataille : car l'armée française fit seize à vingt mille prisonniers, presque tous Autrichiens, s'empara de dix canons et de quelques drapeaux. Un second résultat fut la retraite de toute l'armée alliée, qui rentra en Bohême. Napoléon s'en aperçut et fut informé de l'un et de l'autre de ces avantages sur les trois heures après midi, lorsque la canonnade du centre cessa, et que le roi de Naples l'eut fait instruire du succès que son corps avait eu. Napoléon montrait dans ce moment un calme aussi parfait que s'il eût joué une partie d'échecs près de son feu de bivouac; mais il envoya sans délai un ordre au général Vandamme d'avancer des environs de Kœnigstein vers la route de Bohême. Au fait, on ne peut se figurer rien de plus commode que la manière dont Napoléon gagna cette bataille, puisque le succès ne dépendit que de la combinaison des marches, de l'effet du canon et de quelques accidens fâcheux : car, excepté la pluie qui l'inonda ainsi que tout son monde, et le voyage vers la route de Pirna, en passant par Strehla, il ne quitta pas la place où il était fort à son aise près du feu de bivouac. Il déjeûnait avec Berthier, et il avait l'air de tout faire négligemment, lorsque le feld-maréchal lieutenant Metzko; qui était blessé, lui fut amené, il ordonna sur-le-champ de le faire asseoir et panser. Regardant les opérations de la journée comme terminées, il demanda son cheval; l'eau dégouttait des manches de sa capotte grise, et le retroussis de son chapeau pendait en arrière vers la nuque du cou. Ainsi marchait le héros de la bataille, celui qui répandait l'épouvante, accompagné de l'état-major, au milieu des cris de joie et des applaudissemens des troupes qui se pressaient de tous côtés. En trottant, ainsi que de coutume, comme un boucher, il entra au château vers les six heures : il y trouva, pour satisfaire ses besoins, plusieurs objets dont ses troupes et celles de l'armée ennemie qui avaient tant souffert, étaient obligées de se passer. Que dire de la situation des prisonniers et des blessés. La perte des Français peut être évaluée à huit ou dix mille hommes tant tués que blessés (1).

Le lendemain matin Napoléon se rendit de bonne heure au même endroit où il avait passé la plus grande partie du jour précédent. L'armée alliée continua sa retraite, pendant la nuit, par le chemin des montagnes en se dirigeant vers

---

(1) C'est à dessein que je ne suis pas entré dans les détails concernant la disposition des troupes dans cette bataille, dont on a lu des descriptions très-étendues, mais à peu de chose près, très-exactes. Ces pages n'étant que des matériaux dont on peut répondre, je ne me suis arrêté qu'aux faits et aux circonstances principales ou même accessoires que les autres ne pouvaient connaître avec la même précision ; sans revenir sur des récits déjà reconnus fidèles ; la nécessité seule et les rapports des faits entr'eux m'ont obligé quelquefois de m'éloigner de mon but, qui est de ne raconter que ce que j'ai vu de mes propres yeux, en me permettant des excursions qui sont plutôt du ressort d'une histoire complète.

la Bohême, par Dippoldiswalde et Altenberg ; on ne voyait plus que la cavalerie de l'arrière-garde sur les hauteurs entre Recknitz et Plauen. Napoléon la suivit dans la même direction, s'arrêta pendant quelque temps, en observant très-attentivement d'une petite hauteur tout près de Recknitz, et chargea un de ses officiers d'ordonnance, qui était ingénieur, de calculer d'un coup d'œil la distance qu'il y avait de ce point au jardin de Mocsinsky. Elle était de deux mille coudées; et c'était ici l'endroit qu'on lui aura probablement indiqué comme la place où Moreau fut atteint par le boulet lancé de la redoute près du jardin. Un paysan qui avait conduit à Dresde le chien sur le collier duquel était écrit le nom de Moreau, reçut quelques pièces d'or. De là Bonaparte suivit son avant-garde jusque sur la hauteur vers Kaiditz ; et comme on lui amena plusieurs prisonniers, qui se plaignaient des privations qu'ils avaient endurées pendant les derniers jours, Napoléon dit à ses généraux, d'un ton moqueur, qu'après tant de préparatifs faits contre lui, on n'avait pensé qu'en dernier lieu à l'établissement des magasins, et à d'autres dispositions semblables; que cependant les troupes n'avaient pas trouvé de quoi se nourrir. Il laissa à sa cavalerie le soin de continuer à poursuivre l'ennemi ; il monta à cheval et revint sur ses pas en traversant la plaine couverte de chevaux tués, déjeûna frugalement près du feu du bivouac, et se dirigea sur Leubnitz. Ayant concentré la cavalerie de la Garde, il menaça l'arrière-garde de l'armée ennemie près de Nickern, ainsi que près de Problis et de Nieder-Sedlitz; mais les alliés suivirent avec beaucoup de calme et de prudence leur armée principale par différens chemins, le long de la route de Maxen. Les cosaques couvraient encore les hauteurs de Luga et de Gross-Sedlitz, lorsque Napoléon arriva à peu près entre une et deux heures sur la grande route près de Sporwitz et de Mugeln. Il alla jusques aux environs de la ville de Pirna; il s'assit sur un pliant, qu'on lui apporta, et se fit raconter par quelques habitans de la ville et des environs, tout ce qu'il avait appris sur les événemens. Le prince de Wirtemberg s'était battu le matin contre le général Vandamme, et avait fait habilement sa retraite en prenant probablement le chemin de Tœplitz, par la petite route en traversant le Gayersberg.

Napoléon croyait alors tout fini. Vandamme pénétra en Bohême du côté de Péterswalde; le roi de Naples en fit autant par Freyberg et Frauenstein; d'autres corps suivirent les alliés sur la route de Dippoldiswalde. Comme toutes les troupes alliées s'étaient retirées vers les petites routes du milieu vers Maxen, etc., tandis que ses corps d'armée couvraient les routes principales, Napoléon tout-à-fait tranquille, après s'être arrêté une heure, et avoir reçu divers rapports, dit au comte de Lobau : *Eh bien! je ne vois plus rien...... Faites retourner la vieille Garde à Dresde; la jeune Garde restera ici au bivouac!* Il fit venir son carrosse, y monta et se rendit à Dresde avec la plus grande tranquillité et fort gaîment, sans songer que cette confiance fournirait à ses adversaires les moyens d'anéantir une des principales armées françaises. Si Napoléon eût continué sa marche ce jour-là, il serait arrivé, sans doute, le lendemain au défilé principal près de Péterswalde et Nollendorf, et se serait trouvé sur les derrières du corps de Kleitst. Mais ce général se détourna de la petite route qui traverse le Geyersberg, en débouchant par Breitenau et Furstenwalde, en descendant sur la grande route de Péterswalde, et sépara tout-à-fait le corps de Vandamme, de la Saxe. Ce corps fut presque entièrement détruit dans les journées des 29 et 30 août, aux environs de Culm, par la vaillance et le concours de toutes les armées alliées, qui s'étaient réunies en Bohême. On perdit plus de soixante-dix canons; et d'une armée, qui comptait plus de trente mille hommes, à peine la troisième partie parvint-elle, après quatre ou cinq jours, à se réunir aux troupes qui étaient sur la frontière de la Bohême. Ce fut le corps de Kleist qui leur coupa presque entièrement la retraite, de manière qu'ils furent obligés de se sauver l'un après l'autre dans les bois et dans les montagnes.

La résolution momentanée prise par Napoléon de retourner à Dresde, eut des suites incalculables, du moins sur les événemens qui suivirent immédiatement. Cette perte que l'armée venait d'essuyer, fut tenue, comme à l'ordinaire, aussi secrète que possible au quartier général. Mais lorsque les premières nouvelles de la destruction du corps du général Vandamme furent connues, ceux qui entouraient Napoléon ne purent cacher leur embarras, et la profonde impression que faisaient ces mauvaises nouvelles arrivées en même temps de la Silésie. Le cabinet de Napoléon rejeta immédiatement la faute sur le général Vandamme, qui, par une trop grande ambition, s'était avancé trop imprudemment dans la Bohême. On prétendit qu'il n'aurait dû qu'occuper les défilés, sans se hasarder trop loin. On comprit dans cette occasion, que l'intention de Napoléon (aussitôt que Vandamme aurait couvert la Saxe de ce côté là, tandis que le duc de Tarente observait la Silésie) était de rassembler l'élite de ses troupes, et de marcher contre Berlin. Ce plan, conçu pour la destruction de la monarchie prussienne, n'était pas si mal calculé ; car, de cette manière, la ligne très-resserrée des opérations aurait pu s'étendre en largeur ; et Davoust, qui était à

Hambourg, se serait avancé pour se réunir aux autres corps de l'armée française.

Ces projets furent déjoués par les déroutes des deux généraux. Le feld-maréchal Blücher cueillit, le 26 août, son plus glorieux laurier à Wahlstadt, près de la Katzbach, et défit si complettement le maréchal Macdonald, que celui-ci, pressé par l'ennemi et par le mauvais temps, fut obligé de se retirer vers la Lusace, après avoir perdu plus de cent canons. De tous les côtés, de prompts secours étaient nécessaires. Au lieu de marcher sur Berlin, Napoléon chargea Ney, un de ses généraux les plus déterminés et les plus vaillans, du commandement de l'armée qui marchait contre le prince royal de Suède. Ney se porta à la hâte sur Wittenberg; mais il échoua, comme on sait, le 6 septembre près de Dennewitz, contre la bravoure de Bulow et du prince royal. Napoléon lui même fut obligé d'employer toutes ses forces pour empêcher l'armée de Silésie d'avancer; mais avant de commencer cette entreprise, il s'occupa, depuis le 29 août jusqu'au 2 septembre, de la réorganisation d'un nouveau corps d'armée, en y employant le reste des corps de Vandamme et de Saint-Cyr. Ce nouveau corps fut destiné à pénétrer encore du côté de Péterswalde, sous les ordres du comte de Lobau, pour s'assurer de l'entrée de la Bohême. Il passa plusieurs fois en revue les débris des corps battus. Il s'appliqua à leur donner de l'ensemble. Il fournit le corps de Lobau d'une nouvelle artillerie, tirée des autres corps et fit même former de nouveaux régimens de Polonais, qui se trouvaient parmi les prisonniers autrichiens. Les travaux autour de Dresde furent poursuivis avec la plus grande activité.

En attendant, l'armée de Blücher avançait toujours avec assurance. Les soldats du corps de Macdonald, éparpillés de tous côtés, se traînaient découragés, affamés, désarmés, blessés et les habits déchirés, dans les environs de Dresde, où ils arrivèrent par des routes écartées. Il était temps que Napoléon formât quelque entreprise qui mît fin au désordre. Il quitta Dresde le 3 septembre au soir; mais il n'arriva qu'à Hartha et Bischoffswerda, et le lendemain matin il se transporta à Bautzen. Une quantité de fantassins, appartenant à divers corps et régimens désarmés vinrent à sa rencontre, la pâleur sur le visage. Il cacha son dépit; les troupes furent rangées sur-le-champ, près de la route : on vit arriver des charriots chargés de caissons; on les croyait remplis de biscuit; mais au lieu de donner de la nourriture à ces hommes affamés, on leur distribua de nouveaux fusils. Plus loin, Napoléon vit les débris du grand transport de munitions que les cosaques avaient fait sauter en l'air le jour précédent. Il tomba dans une profonde rêverie, et quitta Bautzen une demi heure après; il se rendit à cheval sur la route de Lobau, accompagné du maréchal Macdonald, avança jusqu'à Hochkirch, près de Steindœrfel, où il arrêta son plan. Ce fut en cet endroit, et sur une des hauteurs environnantes que Sébastiani fut si mal reçu ainsi que sa division de cavalerie. J'ai déjà fait mention de cette circonstance. Les deux montagnes appelées Stromberg et Vohlaerberg situées au-delà de Hochkirch, connues par la bataille de ce nom dans la guerre de sept ans, étaient occupés par les alliés. Une forte colonne de leurs troupes feignait de vouloir pénétrer à Bautzen, sur la route de Gœrlitz. Le roi de Naples alla à sa rencontre et l'obligea à se retirer. Les Prussiens dûrent s'apercevoir que les forces des Français s'étaient augmentées; aussi ne purent-ils ignorer que Napoléon lui-même était revenu à l'armée. Ils se contentèrent de quitter la montagne de Vohlaerberg à l'approche de la nuit, après une forte résistance, et après que leur artillerie, postée avantageusement, eût causé quelque perte aux Français, qui pénétraient, avec leurs colonnes, sur la route de Lobau. Les Prussiens firent leur retraite sur les deux routes vers Gœrlitz, et principalement vers Lobau et Herrnhut. Les montagnes couvertes de bois, situées le long de la frontière de Bohême, procuraient aux troupes légères des alliés les moyens d'empêcher les

Français d'avancer autrement qu'avec la plus grande précaution. En vain avait-on regagné quelque terrain; et depuis ce jour Napoléon semblait soupçonner un plan bien combiné de la part des alliés, en les voyant reculer toutes les fois qu'il désirait en venir à une action décisive, et lui céder les positions les plus avantageuses. Le lendemain Napoléon se montra de fort mauvaise humeur. Ses soupçons se fortifiaient à mesure que ses progrès n'aboutissaient qu'à des résultats fâcheux. Il avait passé la nuit dans la paroisse de Hochkirch, où la lueur de quelques fermes incendiées éclairait les dégâts que commettaient ses soldats courant au feu de bivouac avec les croix du cimetière. Chemin faisant, Bonaparte arriva à une ferme abandonnée; accablé de fatigue, il s'assit sur de la paille, et se livra à la plus triste et à la plus profonde rêverie. Aucun bruit de canon, aucun mouvement qui annonçât une bataille, tout était tranquille autour de lui. Ses nombreuses troupes continuaient d'avancer sans but et sans dessein; elles avaient affaire tout au plus à quelques régimens de cosaques, qui, dispersés dans les environs, pour protéger la retraite de leur armée, avaient détruit tous les petits ponts établis sur les ruisseaux. Le feld-maréchal Blücher l'avait évité comme à Lœwenberg. L'illusion qui l'avait fait croire à une fuite de l'ennemi s'évanouissait peu à peu pour faire place à la réflexion que leur conduite, à son égard, n'était qu'un système adopté pour le fatiguer, en sorte qu'il dépendait d'eux de le conduire où ils voulaient.

Lorsque Napoléon partit le matin du 5 septembre de Hochkirch, il monta sur le Vohlaerberg, et observa d'abord la position que les Prussiens et les Russes avaient occupée le jour précédent. Il fit avancer ses troupes par Glossen, vers Reichenbach, tandis qu'une autre colonne se mit en marche pour se rendre à Lobau. Cet endroit fut occupé par l'ennemi jusqu'à l'après-midi ; il ne se passa rien de sérieux qu'une charge de cavalerie, près de Reichenbach, dans laquelle on fit quelques prisonniers. D'après la déposition de ces derniers, l'armée de Blücher, forte d'environ soixante mille hommes, était commandée par les généraux Sacken, Yorck et Langeron.

Quoique l'armée de Napoléon pût être supérieure plutôt qu'inférieure en forces, c'était un trop grand risque que de s'éloigner davantage de Dresde. Le feld-maréchal Blücher paraissait l'éviter à dessein, tandis que la grande armée, sous les ordres de Schwartzemberg, menaçait de nouveau la capitale de la Saxe. Du reste, chaque jour enfantait de nouvelles difficultés dans la Haute-Lusace ; cette province, déjà tout-à-fait épuisée, ayant été plus hostilement traitée que jamais, par la dernière retraite des alliés, qui avaient consommé presque tout, et emporté ou gaspillé le reste. La cavalerie surtout n'y trouva pas la moindre ressource. Bonaparte n'eut rien de mieux à faire que de se retirer à la hâte, après avoir poussé quelques troupes jusqu'à Gœrlitz. Cette retraite eut lieu, comme à l'ordinaire, inopinément, et au commencement de la nuit.

En se retirant vers Dresde, Napoléon reçut, le matin du 7, étant à Stolpen, quelques nouvelles sur la tentative infructueuse de Ney pour s'avancer sur Berlin ; c'était l'avant-coureur de la mauvaise nouvelle qui lui apprit que le triumvirat de ses maréchaux venait d'être battu. Combien de malheurs en si peu de temps! toutes les parties de son boulevard stratégique étaient battues en brèche! Dans une position aussi critique, jusqu'au plus petit point d'appui était d'une grande valeur: il observa encore avec beaucoup d'attention le château et les environs de Stolpen, dont la défense se combinant avec Lilienstein et les routes qui conduisent en Bohême, lui semblait alors de quelque importance. Cependant, d'autres circonstances empêchaient les Français de s'y maintenir, et il revint le même jour à Dresde.

L'armée alliée qui était en Bohême, et qui avait poussé le corps du général Witgenstein sur la route de Dresde, avait, depuis les derniers jours, repris possession des défilés de Giesshubel, et avançait par Zehist et Dohna.

On voyait, des clochers de Dresde, la fumée de l'artillerie de ce côté; cependant, on était assez tranquille dans la ville. Les uns flottaient dans l'incertitude, les autres étaient devenus en quelque sorte insensibles, depuis la crainte que les derniers événemens avaient inspirée. Le 8 à midi Napoléon parut à cheval sur la route de Pirna, vers l'auberge dite *de Luga*, et marchait à petit pas comme à une reconnaissance. L'ennemi avait occupé les hauteurs de Gross-Sedlitz, et la petite ville de Dohna. Le combat était déjà engagé. Napoléon s'arrêta près de l'allée de peupliers de Gamig; il fit prendre Dohna, fit avancer quelques colonnes pour attaquer les sommets des hauteurs voisines, et la pente de la montagne près de Klein-Sedlitz. Au moment où le point le plus élevé eut été emporté par les Français, l'artillerie et la cavalerie russe battirent en retraite : le village de Mügeln et une partie de la ville de Dohna étaient en flammes, et on se battit encore avec acharnement dans les dernières maisons de cette ville. Les Russes furent chassés de Gross-Sedlitz; mais ils se rangèrent de nouveau près de Zehist, de Pirna, et sur la petite route qui conduit en Bohême, près de Borna, où aboutit la route de Pirna. L'obscurité de la nuit ne permit point de continuer le combat. Napoléon fit bivouaquer ses troupes, et transporta son quartier général à Dohna.

Tome I.

Le combat, la marche alternative des troupes, l'incendie qui avait éclaté dans le sein de cette petite ville, avait fait, pour elle, de ce jour, un jour de terreur. Les troupes qui se retiraient en avaient aussi maltraité les environs. Les horreurs de la guerre épuisaient le pays de plus en plus. La marche continuelle de l'armée était le signal d'une ruine complète : car on vit même dans cet endroit, que l'armée des alliés évitait toute affaire décisive; et l'élévation graduée de la montagne frontière lui fournissait d'excellentes occasions pour défendre, avec adresse, chaque pas pendant la retraite, et pour observer l'ennemi qui les poursuivait.

Le camp de l'avant-garde des alliés était le matin du 9 septembre entre Zehist et Cotta. Ce corps d'environ huit à dix mille hommes paraissait rester là pour attirer Napoléon en Bohême. Les petits corps qui se retiraient par Borna à Gœppersdorf et Bergersdorf avaient l'air de ne s'y trouver que pour le séduire et pour l'inciter à cette entreprise. Bonaparte s'arrêta long-temps sur la hauteur de Borna pour observer leur direction; et comme l'ennemi ne s'engageait pas, Napoléon se rendit sur les cinq heures au château de Lippstadt pour y passer la nuit. Ce vieux château, appuyé à un rocher escarpé, qui domine un vallon étroit, parsemé de petites maisons bourgeoises, accueillit, dans ses petits et bizarres appartemens, la grande maison militaire de Napoléon, ainsi que Berthier et tous les autres. Du reste, Bonaparte s'y montra très-généreux; il fit distribuer des sommes considérables à quelques paysans des environs qui, ayant tout perdu, avaient sollicité les effets de sa munificence.

L'incertitude sur ce qu'il devait entreprendre le rendait très-inquiet. Sa conduite, le lendemain, annonçait une irrésolution qui n'était pas dans son caractère. Bonaparte ne connaissait pas la route qui conduit en Bohême de ce côté-là; il eût très-bien fait, pendant l'armistice, d'y diriger quelques-unes de ses promenades à cheval. Il ne pouvait pas se persuader des difficultés qui s'opposent à l'entrée d'une armée en Bohême; il lui était insupportable d'entendre parler de circonstances difficiles, d'obstacles insurmontables, et la carte sur laquelle il réglait souvent ses opérations, ne pouvait pas lui indiquer toutes les difficultés qui proviennent des circonstances locales, ou que peuvent faire naître des accidens momentanés, tels que la pluie, etc.

Il n'était pas dans son caractère de revenir sur ses pas, et il se flattait sans doute qu'enfin il pourrait venir à bout de faire une incursion en Bohême. Toute remontrance eût été inutile, et peut-être lui en a-t-on fait sans succès. Le 10, quand tout le monde était dans l'attente de ce qu'il allait faire, et du côté vers lequel il se tournerait, il prit le chemin qui conduit à Breitenau et au Geyersberg, c'est-à-dire, la petite route de Tœplitz. Il avait aussi un corps assez considérable, dont je ne saurais indiquer la force. Ces troupes marchèrent en traversant des montagnes désertes et des villages abandonnés. On fit des reconnaissances tant à droite, vers Altenberg, qu'à gauche, vers Peterswalde. Lorsque Napoléon fut arrrivé près du Nattelberg, qu'il avait remarqué de Dresde comme un point de frontière bien distinct; il s'écria d'un air content : *Voilà notre montagne !* Il fit tout de suite annoncer au roi de Saxe que l'ennemi avait été repoussé en Bohême. Cependant il mettait une grande circonspection dans toute sa conduite. Sa prévoyance se changea en étonnement, lorsqu'étant arrivé au premier village de la frontière, appelé Ebersdorf, l'immense vallée du royaume, si fatale pour lui, se présenta à sa vue. Du point où il était, rien ne l'empêchait de voir la montagne et les environs du lieu où son général avait été défait. Vis-à-vis, dans le vallon entre Kulm et Tœplitz était une puissante armée, rangée en deux lignes, et du sommet élevé du Milleschauer, la plus haute de ces montagnes, s'élevait une colonne de fumée, signal de l'arrivée des Gaulois.

Entre l'armée française et celle des alliés s'étendait la pente du Geyersberg, escarpée et couverte de bois, ainsi que les autres montagnes environnantes à droite et à gauche ; l'homme le plus téméraire eût trouvé son tombeau dans ce gouffre, sur un chemin où les Russes et les Prussiens avaient brisé plusieurs charriots et des pièces d'artillerie. Ce chemin était ainsi devenu encore plus dangereux : car une seule roue cassée aurait arrêté la marche d'une armée entière. Napoléon ne renonçait à son plan qu'à grand regret ; il observa long-temp la position de l'ennemi, et les superbes environs de Toeplitz. Il ordonna au général Drouot de descendre et de s'avancer pour examiner la route ; mais celui-ci revint plus tard avec la fâcheuse nouvelle, que le chemin était tout-à-fait impraticable.

Si Napoléon voulait effectivement entrer en Bohême, il fallait y aller par Peterswalde, ou bien par l'Erzgebirge, à travers la Saxe, en passant à Mariensberg et à Sebastiansberg : cette dernière route était la moins convenable comme la plus longue et la plus éloignée de Dresde. Toutes les autres routes intermédiaires étaient devenues impraticables, par la retraite qu'avaient faite les alliés pendant une pluie continuelle.

Napoléon revint de ce point, où il avait fait ses observations, l'air chagrin et troublé. La plus grande partie de ses troupes, et toute sa Garde furent obligées de faire volte-face, et de camper dans un pays désert qui venait d'être pillé, et où il n'y avait, par conséquent, aucune provision à trouver. Bonaparte éprouva mille difficultés dans toutes ses dispositions : il voulait d'abord s'arrêter à Ebersdorf, ensuite à Fürstenwalde, et enfin il se retira jusqu'à Breitenau. A peine y avait-il moyen de se loger dans ce pauvre village presque entièrement ruiné; il fallut d'abord nettoyer la maison du curé, afin d'avoir un logement pour Napoléon et pour Berthier. Les troupes manquaient d'alimens; elles étaient obligées de coucher, pendant une nuit froide d'automne, sur le terrain humide des montagnes. Il n'y avait point de fourrage pour les chevaux; les villages frontières étaient entièrement détruits, et toutes les maisons qui n'étaient pas bâties en pierres avaient été bouleversées pour entretenir les feux de bivouacs; tous les environs portaient l'empreinte des horreurs de la guerre.

Tel avait été le sort de ce pauvre pays, ainsi que de Peterswalde et de tous les alentours le long de la frontière, qui avaient été tour à tour dévastés par les Français et par les Russes. Le sol, qu'on avait dix fois remué, on le fouillait de nouveau pour chercher quelques pommes de terre; et ceux qui n'avaient pas été assez heureux pour en trouver, n'avaient, pour s'en consoler, que l'espoir d'un avenir plus heureux. La mauvaise humeur qu'excitait cet anti-paradis s'accrut, au quartier général, par les nouvelles plus détaillées, apportées par un adjudant du maréchal Ney, qui avait été témoin oculaire de la défaite de ce général ; mais on se fiait toujours au génie de Napoléon.

Bonaparte, ayant reconnu l'impossibilité de pénétrer en Bohême par Fürstenwalde, partit de Breitenau, et se rendit le 11, dans la matinée, par un chemin de côté assez difficile, en passant par Oelse, sur la grande chaussée, vers Hollendorf. Une nombreuse cavalerie ennemie l'attendait entre ce village et Peterswalde. Tout en cédant à la supériorité des troupes qui avançaient, elle ne put éviter un combat désavantageux ; et le colonel Blücher, fils du maréchal, s'étant exposé, avec un courage audacieux, aux attaques des Français, fut blessé et fait prisonnier par les lanciers polonais, aux environs de Peterswalde.

Napoléon profita de cette occasion pour vanter ce triomphe dans les bulletins français, avec une emphase d'autant plus choquante, que l'étalage des succès était moins compatible avec les infortunes qui se succédaient continuellement. Bonaparte ne dit que peu de mots au colonel : car il était très-pressé, et il redoublait ses efforts pour arriver à la montagne de Nollendorf ; mais il n'y parvint que très-tard : la forêt qui se rencontrait avait exigé quelques mesures de précaution. Les canons faisaient retentir leurs coups dans le vallon, vers Kulm et Aussig; et le corps sous les ordres du général Lobau s'arrêta sur la montagne de Nollendorf, pour garnir ce principal défilé. Il faut absolument que Bonaparte ait cru l'ennemi, qui l'arrêta sur la frontière, beaucoup plus fort qu'il ne l'était effectivement; tandis qu'il marchait avec des masses aussi considérables, des troupes légères paraissaient seules s'opposer à sa marche. Le soir, il se logea dans la maison du curé de Peterswalde : les habitans du village s'étaient sauvés.

Satisfait de s'être encore une fois emparé des défilés de la Bohême, Napoléon employa les deux jours suivans pour retourner à Pirna, où il ordonna la construction d'une tête de pont palissadée, et une nouvelle distribution de la jeune Garde dans les environs. Le cercle dans lequel il pouvait agir, s'était rétréci de beaucoup. Il lui fallait attendre de quel côté il serait attaqué, et quel serait le point qui exigerait le plutôt sa présence. L'armée qui avait été dirigée sur Berlin était repoussée jusqu'à l'Elbe; le maréchal Macdonald ne pouvait plus se maintenir entre Bautzen et Gœrlitz, et l'ennemi avait déjà fait de vives démonstrations vers la Saxe, où il avait pénétré en dépassant Sébastiansberg.

Bonaparte lui-même ne fut plus tranquille à Dresde; le comte Lobau fut attaqué le 14, et repoussé jusques derrière Giesshübel. Napoléon alla le lendemain à son secours : il partit à sept heures du matin, et arriva à Mugeln, sur la route de Pirna, où il reçut les différens rapports. Il réprimanda un général de la Garde de la manière la plus dure, comme pour donner un essor au dépit dont son cœur était navré. Les blessés du jour précédent affluaient sur son passage; j'en vis, en peu de temps, quatre à cinq cents environ, qui s'empressaient de se rendre à Dresde. Bonaparte traversant Pirna, se rendit vers Langen-Hennersdorf, pour y diriger la marche d'une colonne qui, suivant les chemins de traverse, devait se rendre, par Markersbach, à Hollendorf, tandis que le comte Lobau s'avançait, dans la même direction, par Giesshübel : sa supériorité le mit à même d'atteindre son but; mais l'ennemi exécuta aussi son plan de le harceler, de profiter de la faiblesse de Lobau, et d'énerver les nombreux renforts conduits par Napoléon lui-même, en les attirant dans un pays ruiné et épuisé. Lobau pouvait pénétrer jusqu'à la montagne de Nollendorf: les alliés avaient sans doute aussi diminué leurs forces de ce côté, après avoir exécuté leur plan.

Le 16 septembre, Bonaparte lui-même alla,

par Peterswalde, à Nollendorf; mais le temps couvert, et le brouillard qui couvrait la vallée, l'empêchèrent de distinguer ce qui s'y passait. Il résolut donc de faire une forte reconnaissance, ou, s'il était possible, une attaque plus sérieuse pour le lendemain. Il se rendit, de grand matin, près la chapelle de Nollenberg; après avoir observé les environs pendant quelques instans, quoique le temps fût presqu'aussi peu favorable que le jour précédent, il fit descendre quelques bataillons le long de la route; d'autres s'étendirent dans les bois qui sont sur les flancs. Les chasseurs russes occupaient encore tout le bois qui borde la grande route inclinée en pente; il s'ensuivit une fusillade très-vive, soutenue par l'artillerie postée sur les montagnes couvertes de bois; le combat s'engagea; les troupes grossissaient continuellement: la route fut disputée pendant quelque temps aux Français; enfin plusieurs brigades, suivies de l'artillerie et de la cavalerie de la Garde, parvinrent jusqu'à la plaine qui se prolonge jusques vers Kulm. Napoléon lui-même se porta jusqu'au premier village appelé Dœlnitz, situé sur la pente de la montagne. Le ciel était un peu éclairci; cependant on ne pouvait pas assez distinguer les forces de l'armée alliée. La chapelle de Kulm était entourée de brouillards : on eût dit de l'ange tutélaire de la

Bohême, posté d'un air menaçant à la garde de la clef de ce royaume.

Après une courte pause, au moment que les Français voyaient diminuer l'opiniâtreté de la résistance, et où Bonaparte attendait les nouvelles de son avant-garde, une terrible canonnade commença de plusieurs côtés, comme si l'on eût découvert l'ennemi pour la première fois; les mêmes hauteurs, qui avaient vomi la mort et la destruction sur le corps de Vandamme, lançaient une grêle de boulets et de grenades sur les téméraires qui, pour la seconde fois, osaient paraître sur le sol de la Bohême. Quoiqu'une grande partie de l'armée française fût encore hors de la portée du canon, cependant les coups perdus, qui venaient des hauteurs couvertes de buissons et masquées par le brouillard, faisaient un assez grand effet; le bruit retentissait prodigieusement dans le vallon, et l'écho, qui se répétait jusqu'à quatre fois, prolongeait le bruit de l'artillerie. Napoléon apprit alors qu'une forte colonne ennemie s'approchait du village de Knienitz, qui se trouvait sur ses derrières.

Le plan des alliés était semblable au premier: ils voulaient lui couper la retraite par le Nollenberg. C'était la manœuvre employée contre Vandamme. Napoléon remonta promptement sur la hauteur, tandis que ses troupes tâchaient de résister dans la vallée. Une division restée en réserve sur la montagne, fut appelée pour occuper, avec une force suffisante, le village de Knienitz, sur le flanc gauche, et par lequel passait le chemin le plus court pour arriver à Ausig Les Français s'en emparèrent, et arrivèrent devant Kulm. Leur perte eût été encore plus considérable, si le ciel ne se fût point mêlé de ce combat. Une pluie à verse, sur les cinq heures, y mit fin. Le ciel était couvert, on ne pouvait distinguer l'ennemi. Le feu des canons, qui tiraient au hasard, resplendissait encore au milieu de l'obscurité. La pluie, quoique moins violente, dura fort avant dans la nuit. Napoléon avait à craindre quelque diversion contre son flanc gauche, sur un terrain qui lui était aussi défavorable. Son plan était d'abord de passer la nuit dans la chapelle de Nollendorf. Mais, comme ce séjour était triste et inhabitable, et que tout son monde se trouvait encore dans le misérable village de Peterswalde, il résolut, quoique fort tard, d'y retourner. La nuit se passa assez tranquillement; je suppose que les Français, épouvantés par le mauvais succès de leur entreprise, profitèrent de l'obscurité pour gagner la hauteur de la montagne; car le lendemain ils occupaient encore le petit village de Dœlnitz, situé au pied de la montagne du côté de la Bohême.

Il n'y a pas de doute que cette affaire leur coûta beaucoup de monde, l'ennemi n'ayant montré la supériorité de ses forces qu'après qu'elles étaient déjà descendues dans la vallée; mais on n'a rien appris de certain à cet égard. Napoléon ne regarda toute cette affaire que comme une reconnaissance. Le soir, vers la fin du combat, il fit annoncer au roi de Saxe, qu'on avait la certitude que la grandearmée alliée était postée près de Tœplitz.

En attendant, pour se procurer des informations plus précisses, il avança encore une fois, le 18, vers le même point de la montagne de Nollendorf, et se rendit à cheval jusqu'à Knienitz. Ce village, ainsi que le bois voisin, n'étaient que faiblement occupés, ou, pour mieux dire, n'étaient remplis que de traîneurs français qui pillaient. Lorsque Napoléon arriva à l'issue de ce bois, il rencontra, à peu de distance, une troupe de cavalerie ennemie venant de Schebritz et Zugmantel. Il tourna bride sur-le-champ, car l'attaque devint bientôt plus sérieuse. La légèreté des Français leur avait fait négliger d'occuper plus tôt ce point, et à peine eut-on le temps de faire venir les pièces nécessaires pour en imposer aux batteries ennemies. Aussi long-temps que Napoléon s'y arrêta, les Français se maintinrent en possession de Knienitz, et l'on se borna à une assez faible canonnade. Les alliés se retirèrent de nouveau.

Napoléon se rendit sur une des hauteurs principales, tant pour faire des dispositions, que pour observer la force de l'ennemi. Au moyen du télescope, il aperçut deux armées, et il lui échappa l'observation dont nous avons déjà parlé, que l'ennemi avait besoin de deux jours pour faire les dispositions nécessaires à une attaque combinée.

Bonaparte remit le commandement au comte Lobau, et retourna à Pirna, dans la conviction que son armée épuisée, n'était pas assez forte pour se maintenir dans un pays aussi dangereux ; dans tous les cas, il était trop tard pour entreprendre une invasion dans la Bohême. L'espoir de battre l'ennemi en détail s'évanouissait chaque jour : là où il était supérieur, on évitait l'occasion de se battre, et lorsqu'on pouvait lui opposer la force, la nature et l'art se prêtaient un secours mutuel pour la ruine des Français. Quand même Napoléon eût réussi à pénétrer sur un point, il ne pouvait le faire qu'en exposant les autres. Eût-il atteint son but dans cette occasion, il n'en aurait pas moins été forcé de revenir sur ses pas : car, étant encore à Pirna, il apprit que le prince royal de Suède s'était porté sur la rive gauche de l'Elbe dans les environs de Dessau. Cette nouvelle parut causer quelque consternation. Bonaparte travaillait sans cesse; il donna tous les ordres pour l'inutile fortification de Sonnenstein, d'où l'établissement des fous avait été transporté dans l'église de la ville. Il fit examiner attentivement les bords de la Wesnitz, qui tombe dans l'Elbe au-dessous de Pirna. Un morne silence régnait dans le quartier général des Français. La plupart étaient fatigués de l'inutilité des marches et contre-marches; on était toujours dans une attente pénible. Les rideaux du cabinet de Napoléon restaient fermés, comme dans tous les momens d'affaires très-pressantes. Bonaparte avait de la répugnance à retourner à Dresde; mais il n'avait aucun autre parti à prendre. Il y arriva le 21.

Encore une excursion, et ce fut la dernière, eut lieu le lendemain, probablement pour repousser le feld-maréchal Blücher, qui avait pénétré jusqu'au delà de Bautzen. Bonaparte monta en voiture vers midi, et alla jusqu'à Fischbach, passa en revue quelques bataillons du deuxième corps d'armée, accorda des décorations, et remit, avec la solennité d'usage, un drapeau au 49ᵉ régiment. Il monta à cheval, et alla de suite sur le Capellenberg, près de Schmiedefeld. Les Français avaient encore une fois occupé Harta: les Russes, postés à côté et derrière les villages sur les hauteurs, furent attaqués par les colonnes qui avançaient sur la route, et se retirèrent en traversant Goldbach, qui était en flammes. Napoléon, fidèle à sa prédilection pour l'artillerie, fit tirer sur la petite troupe de l'arrière-garde avec ses canons de douze. Le prince Poniatowski était dans le voisinage avec son corps qui s'étendait vers Hobenstein, et les alliés se retirèrent à l'approche de la nuit jusqu'au delà de Bischofswerda. Napoléon s'arrêta, pendant cette affaire, près de son feu de garde, que le froid de la saison rendait très nécessaire, et alla passer la nuit à Harta, un de ces misérables endroits qui, par leur position, invitaient à y porter le quartier général. Cette fois-ci, il n'avait été suivi que d'une partie de ses Gardes, et il paraît que Napoléon ne se sentit pas assez fort pour hasarder une bataille.

Il passa effectivement toute la matinée du 23 à Harta, flottant entre les partis qu'il avait à prendre, et ne se décidant à aucun; enfin, sur les quatre heures après midi, il se rendit à la hâte vers Neustadt, d'où on entendait une fusillade. Le général Neuperg ayant été attaqué par Lauriston, se retira dans la Bohême, avec ses Autrichiens et ses Russes. Quelques troupes parurent sur les hauteurs de Tœplitz; on voyait si peu la ligne des avant-postes français, que Napoléon lui-même étant sorti du bois, ne savait si ce n'était pas l'ennemi qui se trouvait-là. Mais ayant examiné la chose de plus près, on fut informé que c'était la division du général Rochambeau, qui, en poursuivant les Autrichiens, s'était avancée jusque sur ce point. Rasséréné par chaque progrès insignifiant, il fit annoncer à Dresde: « *Nous sommes à Bautzen*. (Cela était faux, parce qu'on s'était battu le même jour après midi très-vivement près de Roth-Nauslitz.) *L'ennemi se retire en Bohême par Neustadt et l'autre route...... Il va au diable.* »

Quelquefois on aurait dit que Napoléon, accoutumé à des victoires, se faisait illusion à lui-même, et qu'il voulait inspirer le même courage et la même confiance à ses partisans, en représentant des circonstances insignifiantes comme des résultats de la plus haute importance.

Bonaparte passa encore une nuit à Harta; et le matin du jour suivant il y eut un orage, accompagné de terribles coups de tonnerre. C'était un phénomène bien extraordinaire dans une pareille saison, et avec le froid qu'on venait d'éprouver.

On ne saurait déterminer avec précision quelle était l'intention de Napoléon dans ce moment. Voulait-il se borner à des observations, faire une démonstration, ou attaquer le feld-maréchal Blücher? A une heure et demie, le duc de Tarente fit avertir que toute l'armée des alliés, dont la force était considérable, était rangée en ordre de bataille, près Burka; que le général Sacken, qui s'avançait par la grande route de Kamentz, avait tourné ensuite vers Pohla. Alors ce général était posté près du couvent de Marienstern, et le feld-maréchal de Blücher près Bautzen. La marche de ce dernier menaçait fortement le flanc de l'armée française. Je ne doute pas qu'on n'eût pu lui faire essuyer une perte très-considérable; cependant, on ne fit qu'une fausse démonstration. Napoléon monta à cheval et se rendit vers Bischofswerda. Il avait l'air d'attendre qu'on l'attaquât; mais cette attaque n'ayant pas eu lieu, et lui-même n'ayant pas jugé à propos d'attaquer, la nuit s'approchant; il quitta aussi ce point, emmena avec lui une grande partie de ses troupes, et se rendit à Dresde pendant la même nuit. La suite a prouvé que par cette retraite faite dans un moment de mauvaise humeur, il avait renoncé aux provinces au-delà de l'Elbe.

Napoléon aurait bien voulu se faire jour d'un côté quelconque, lorsqu'il était encore dans cette même position; mais on a pu observer, par la suite des événemens dont on a fait le récit, que ses mouvemens dépendaient tout-à-fait de ceux des alliés. Il aurait sans doute attaqué lui-même le prince royal de Suède, sur l'Elbe inférieure, si son absence n'eût livré Dresde à la merci de l'armée de Schwartzemberg, ou de celle de Blücher. Il resta donc pendant quelque temps enchaîné à ce point, jusqu'à ce qu'il en fut repoussé par une nouvelle opération des alliés, qui avait été on ne peut mieux conçue et exécutée.

La partie orientale de la Saxe avait été délivrée des Français, au moyen des attaques par lesquelles les alliés les avaient pour ainsi dire tenaillés. Une pareille attaque sagement combinée et exécutée contre leurs flancs et leur dos devait nécessairement les déterminer à quitter le pays, et à se rapprocher du Rhin, aucun point n'étant tenable entre l'Elbe et la frontière française. La grande armée, sous les ordres du prince de Schwartzemberg sortant de la Bohême, se mit en mouvement vers la route qui conduit en Saxe, par le Sébastiensberg, tandis que l'armée de Blücher, marchant rapidement sur la rive droite de l'Elbe, se jetait, par le chemin le plus court, sur le derrière de l'armée française. Ce plan, parfaitement imaginé, occupera pour toujours une place distinguée dans les annales de l'art de la guerre. Napoléon, aussi exercé qu'il l'était dans cet art, dut être surpris que les nombreuses armées de ses ennemis eussent été dirigées et maintenues avec tant d'habileté et d'assurance.

Il épiait à Dresde, les entreprises de ses adversaires, espérant toujours leur découvrir quelque côté faible pour en profiter. Il s'occupait tantôt des affaires de son cabinet, tantôt des fortifications de Dresde, qu'il avait étendues et améliorées, de manière que les jours s'écoulaient pour lui pleins d'ennui et de souci, tandis que les habitans de la ville, qui redoutaient les horreurs d'un siége, étaient accablés de chagrin et d'inquiétude.

Vers la mi-septembre, le roi de Naples avait couvert les environs de Grossenhain avec un corps d'armée dont les forces étaient médiocres. La cavalerie française essuya plusieurs revers dans les environs de Mühlberg et de Liebenwerda; elle avait été repoussée au-delà du canal d'Elsterwerde, et délogée d'Ortrand, de manière que Blücher put commencer sa grande marche de Kamentz jusque vers Wittemberg, sans la moindre difficulté. Avant cet événement, Napoléon renonça à la rive droite de l'Elbe : car le 26 et le 27 septembre, le corps du roi de Naples passa sur la rive gauche près de Meissen, c'est-à-dire, après avoir terminé la démonstration vers Bischofswerda. Les ordres inhumains donnés par Bonaparte aux commandans de ce corps, n'ont pas été exécutés, du moins par une grande partie des généraux qui pensaient mieux que lui. D'après ces ordres, on aurait dû emporter tout le bétail, brûler les bois, détruire les arbres fruitiers et toute autre espèce de nourriture, de manière que la partie de la Saxe située sur la rive droite de l'Elbe serait devenue un désert affreux. Tout avait été presque entièrement anéanti; et la marche des alliés, qui avançaient rapidement, empêchait souvent les Français, qui occupaient encore les environs de Dresde, d'achever la destruction de la Saxe orientale. Napoléon fut alors informé de la marche de Blücher, dont la certitude devint pour lui le signal d'une entreprise qu'il imagina d'exécuter sur la rive gauche de l'Elbe. Si la Saale eût offert quelque point tenable, il en aurait profité comme d'une nouvelle ligne de défense; mais il n'avait pas le temps d'y penser. Lorsque Blücher s'était éloigné de son front, le plus pressant était d'opposer une force suffisante à la grande armée de Schwartzemberg, qui s'avançait. Le roi de Naples jouissait de la confiance particulière de Napoléon; il fut donc obligé de prendre le commandement de l'armée postée sur l'Erzgebirg, près de Chemnitz et d'OEderan. A cette époque, la cavalerie de la Garde française avait eu du désavantage dans plusieurs affaires contre les généraux Thielmann et Lichtenstein.

Napoléon ne pouvait plus s'arrêter à Dresde. On l'avait laissé dans cette ville, pour serrer plus étroitement le filet dans lequel il était entré. Cependant sa confiance dans un retour de fortune, l'empêchait de renoncer à la ligne de l'Elbe; une bataille gagnée devait l'y ramener; il aurait toujours trouvé les points importans de Wittemberg, Torgau et Dresde. Il résolut donc d'aller à la recherche de l'ennemi, et d'en battre les armées l'une après l'autre avec l'élite de ses troupes, quoique affaiblies par les pertes essuyées devant l'ennemi, par les maladies et par la désertion. Deux corps d'armée de vingt-huit à trente mille hommes restèrent pour la défense de Dresde, sous les ordres du maréchal Gouvion-Saint-Cyr et du général de division comte Lobau (1).

La perspective de cette malheureuse ville devenait tous les jours plus sombre. Une nouvelle crainte accompagnait l'attente d'un siége; on appréhendait que le roi n'adhérât aux projets de celui qui l'avait défendu jusqu'à ce moment, et qui malheureusement, avait montré autant de persévérance à se maintenir dans le pays. En un mot, on craignait que le roi de Saxe ne suivît Napoléon. Une grande partie de ses sujets qui avaient été opprimés par les désordres des Français, gémissaient du système politique auquel le roi avait été forcé par l'empire des circonstances; mais tout homme impartial voyait que ce prince accablé n'avait pas la liberté du choix, et que la

---

(1) Indépendamment de ces troupes en état de combattre, dont cependant environ un tiers était arrivé dans un état d'épuisement total, il y avait déjà douze à quinze mille hommes dans les hôpitaux, ou appartenans aux différentes administrations; car, malgré la mortalité qui régnait journellement parmi les troupes, le nombre de ceux qui quittèrent Dresde, par la capitulation de novembre, était de trente-six à trente-huit mille hommes.

volonté de Bonaparte étouffait chaque tentative pour se délivrer de ce joug. En effet, tant que la plus grande partie du pays était couverte de troupes françaises, qui, lorsqu'elles battent en retraite, agissent hostilement, et ne connaissent aucune loi dictée par l'humanité, le roi était enchaîné par des considérations imposantes, telles que la crainte de compromettre les débris de nos fortunes. S. M. ne connaissait point toute l'étendue de notre misère, et des horreurs qui nous environnaient; ou bien elle les regardait comme les suites inséparables de la guerre. Peut-être Napoléon le berçait-il de l'illusion que la première victoire éloignerait l'ennemi de la Saxe, et rendrait au pays et au souverain la sécurité.

Comment le roi eût-il osé s'opposer à l'homme puissant que l'Europe coalisée n'avait encore pu dompter? Quelle vengeance terrible Napoléon n'eût-il pas tirée de sa défection? La nation, accablée sous le poids de ses malheurs, avait perdu une partie de son énergie; tant de pertes éprouvées par les habitans, avaient produit une sorte d'insensibilité : le retour de l'espérance, la voix d'un roi respecté, pouvaient seuls ranimer leur courage ; mais le roi ne pouvait pas se faire entendre tandis qu'il était au pouvoir de Bonaparte, et que celui-ci cherchait à lui persuader que les choses étaient encore en bon état ; qu'il délivrerait la Saxe, e' qu'il était encore riche en ressources. Entraîné par ces assurances et par un malheur inévitable, le monarque infortuné suivit Napoléon à Leipsick; peut-être l'intention de ce dernier était-elle de procurer à ses maréchaux l'occasion d'agir plus librement, et d'épargner au roi la vue de la destruction dont sa ville natale, qui lui était si chère, était menacée. Bref, Bonaparte ou le destin voulurent, et le royal martyr obéit.

Son départ fut tenu caché autant que possible, pour ne point accabler le peuple, ou peut-être pour ne pas donner lieu à quelque mouvement inquiétant : quelques voitures de voyage étaient préparées le jour précédent, et à peine en parlait-on au château. Je suis bien convaincu que le roi lui-même était dans l'incertitude jusqu'au jour du départ : bien loin de laisser diriger ses pas par son intérêt personnel, ce pieux monarque crut devoir suivre la volonté de la Providence, dont Napoléon n'était qu'un instrument composé de bien et de mal (1).

Le soir du 6 octobre, Bonaparte lui fit encore exprimer son désir qu'il ne partît point avant six heures, moment fixé par lui-même pour quitter

---

(1) Madame de Staël-Holstein dit, dans son ouvrage sur l'Allemagne, écrit en 1808 et 1810, en parlant des Allemands en général: *Leur respect pour la puissance vient plus encore de ce qu'elle ressemble à la destinée, que d'aucun motif intéressé.*

Dresde. Les travaux les plus importans retardèrent le départ de Napoléon d'une ville et des mêmes appartemens où, pendant l'été de 1812, il avait travaillé aux plans les plus gigantesques, contre la Russie : il avait été occupé toute la nuit dans son cabinet. Il envoya un officier au roi de Naples, posté dans les environs d'Oederan, pour l'avertir de se rendre à Leipsick par Rochlitz; il fit appeler le gouverneur de Dresde et deux maréchaux; bref, il travailla sans relâche jusque vers la matinée du 7 octobre. Il prit encore un bain, et partit après six heures : le roi de Saxe le suivit quelques momens après.

Toutes les troupes françaises qui se retiraient, avaient passé sur la rive gauche de l'Elbe : elles n'occupaient que les environs les plus proches de Dresde et de Meissen, où le pont de bateaux au-dessus de la ville, était défendu par une petite tête de pont. Les troupes légères des alliés faisaient des incursions le long de la rive de l'Elbe, par-tout où elle n'était point gardée : Bonaparte fut donc forcé de passer par Wilsdruf; il n'y avait que la nécessité qui pût déterminer une armée en marche à prendre des routes aussi pénibles. Pendant son court séjour à Meissen, Napoléon passa encore une fois le pont de bateaux, peut-être sans s'imaginer que, par cette visite de congé, il disait un éternel adieu à la partie orientale de la Saxe, si long-temps malheureuse ; il accéléra ensuite sa marche, toujours incertain du point sur lequel il se dirigeait. Cependant, il conçut probablement alors le projet de se porter, avec la rapidité de l'éclair, sur la Mulde, pour voler à la rencontre du feld-maréchal Blücher, qui avait passé l'Elbe près de Wartenbourg, entre Presch et Wittemberg.

Il établit enfin son quartier général au château de Seerhausen ; le roi de Saxe était resté à Meissen, et suivit Bonaparte à petites journées sur la route ordinaire de Leipsick. Le roi était escorté par un nombreux détachement de la Garde impériale, avec laquelle un bataillon de grenadiers de la Garde saxonne partageait le service.

NOTES

DU

TRADUCTEUR.

L'auteur de la Campagne de 1813 s'est proposé de faire connaître Bonaparte avec impartialité : son ouvrage a donc un double but. 1° Le portrait de Bonaparte, qu'il s'est attaché à caractériser par le détail de toutes les circonstances de sa vie publique et privée ; 2° le récit des événemens militaires.

Si M. d'Odeleben a rendu pleinement justice aux talens et à l'activité de ce chef, il n'a pas négligé non plus de montrer comment ses passions avaient rendu ses talens inutiles ou nuisibles. Il a signalé son ambition sans mesure, son opiniâtreté.

Il y a toujours quelque chose de choquant dans l'exercice de la sévérité, à l'égard d'un homme vivant tombé du faîte du pouvoir dans l'excès de l'abaissement, quelque droit qu'on ait de l'accuser. Des contemporains, que sa puissance faisait trembler, n'ont jamais bonne grâce à l'accabler de reproches. On a toujours l'air de battre un homme à terre, et la justice même ressemble à la vengeance.

Le sentiment qui a porté M. d'Odeleben à ne parler de Bonaparte qu'avec modération, fait donc honneur au caractère de l'historien. Mais il nous semble n'avoir pas assez fait pressentir le jugement que la postérité portera d'un homme qui, ayant eu dans ses mains le bonheur de son pays et de l'Europe, a plongé son pays et l'Europe dans un abîme de maux : en évitant l'injure, les déclamations, il n'est cependant pas possible de méconnaître le mal qu'il a fait, et de ne pas l'attribuer à un orgueil impitoyable, à une légèreté qui se jouait de tout ce qu'il y avait de plus sacré dans le monde.

En vain chercherait-on à le disculper, en le représentant comme entraîné par la nécessité de soutenir une lutte terrible contre les ennemis de la révolution française, et contre l'ambition d'une puissance rivale. L'histoire dira que cette nécessité fut plus souvent, pour lui, un prétexte qu'un motif; qu'il vit dans cette lutte un excellent moyen pour se livrer à tous les projets d'une ambition démesurée. L'histoire ne reconnaîtra pas la nécessité de bouleverser l'Europe pour assurer l'indépendance de la France : elle dira qu'à l'époque des traités de Lunéville et d'Amiens, la modération du gouvernement français eût pu désarmer l'Europe, et assurer à la France des alliances utiles. Il fallait rester dans les limites que la France avait conquises, et prouver à l'Europe qu'on ne voulait plus les étendre. Qu'avait-on besoin d'annexer de fait à la France le Piémont et la Lombardie ? Si les traités enlevaient ces provinces à l'Autriche et à la Sardaigne, il fallait les réunir sous un gouvernement indépendant, dont on se fût fait un allié. On pouvait rétablir et fixer les relations amicales de la France avec l'Espagne, la Suède, le Danemarck, la Prusse et les États secondaires d'Allemagne. La renonciation bien évidente de la France à tout esprit de conquête, lui eût sans doute assuré l'affection des puissances qui avaient besoin de s'appuyer sur elle. Elle eût probablement calmé l'Angleterre elle-même.

La France pouvait sûrement aussi contracter une alliance utile avec la Russie, qui, la voyant rentrer dans ses limites et décidée à s'y renfermer, n'avait plus rien à démêler avec elle. Il ne lui restait plus à surveiller que le ressentiment de l'Autriche, si cette dernière puissance aspirait toujours à recouvrer la Belgique et le Milanez. Si de nouveaux ennemis se fussent présentés, on eût eu des alliés, et la France, bien gouvernée, rendue heureuse, défendue par des armées accoutumées à vaincre, par un peuple belliqueux plus attaché que jamais à sa patrie, eût sans doute été assez forte pour repousser toute aggression nouvelle.

La prétendue nécessité de propager par-tout la révolution pour en maintenir les résultats en France, n'était donc qu'un voile pour l'ambition du chef de la France. Comme si l'histoire ne nous montrait pas constamment des alliances entre des Etats régis par des principes différens : comme si elle ne nous apprenait pas que c'est la communauté d'intérêts, et non la conformité des gouvernemens qui réunit les peuples. Il suffisait donc de prouver aux Etats disposés à s'allier à nous, qu'ils n'avaient plus à s'effaroucher d'un prosélytisme ou d'une manie de conquêtes également menaçans. La nécessité de tout convertir pour n'avoir plus rien à craindre, menait tout droit à l'envahissement du monde. Ce principe était celui des Romains, celui de Mahomet, celui des Arabes et des Ottomans ; c'est l'arme politique de tous les guerriers turbulens, qui veulent étendre par-tout leur domination, et qui se trouvent toujours trop à l'étroit, quelque vaste que soit leur puissance.

La saine politique, qui n'a pour but que le bonheur des peuples et leur indépendance, n'admet point la nécessité des crimes. Cette nécessité n'existe que pour la politique des passions. Le véritable mobile du chef des armées françaises, fut l'amour effréné de la gloire. Il voulait surpasser tous les conquérans, tous les potentats illustres. Il voulait éclipser leur réputation, et se croyait appelé à régler et à dominer le monde. Il voulait plus encore: dans sa fougue indomptée, il ne tenait compte d'aucun obstacle, et prétendait exécuter en un mois, des projets dont l'accomplissement demandait des années. Quoi qu'en disent ses panégyristes, il est responsable des maux affreux que son ambition, son orgueil et son impatience ont causés: l'histoire et la postérité l'en accuseront à juste titre, et ne reconnaîtront ses talens extraordinaires que pour le trouver plus coupable. L'histoire et la postérité ne trouveront aucune bonne excuse pour le refus de la paix à Dresde. On laissait à la France ses limites des Alpes, du Rhin, de la Meuse et des Pyrénées. On laissait subsister la Confédération du Rhin. Il ne fallait que renoncer à l'usurpation de l'Espagne, de la Hollande, de l'Italie et des villes anséatiques.

L'empire français ne restait-il pas encore assez fort, assez grand ? Deux années de paix et d'un bon gouvernement, auraient suffi pour restaurer la France, et la remettre en état de résister à toute attaque, et d'en faire repentir ses ennemis. Les désastres causés par le refus de la paix, à Dresde, retombent donc de tout leur poids sur celui dont l'orgueil n'a pas voulu descendre.

Quant au récit allemand des événemens militaires de 1813, il a souvent besoin d'être rectifié. Une justice impartiale, à notre égard, était une tâche trop difficile pour un étranger.

Il nous a été impossible de suivre pas à pas M. d'Odeleben, et de relever toutes ses inexactitudes, ou de réparer toutes ses omissions. Mais, à l'aide des documens qu'on a bien voulu nous procurer, nous avons pu rétablir quelques faits dont l'altération tendait à compromettre l'honneur français, dont, plus que jamais, nous devons tous nous montrer jaloux.

Un officier français, auquel nous avons communiqué notre traduction, nous a donné les remarques suivantes; et nous croyons que nos lecteurs les parcourront avec intérêt. Nous les les insérons parmi les notes que l'on va lire.

Tome 1ᵉʳ, page 10, « La guerre contre la Russie, etc. »
M. d'Odeleben croit que Bonaparte, en faisant la guerre à la Russie, ne voulait que la contraindre à lui faciliter la conquête des Indes. Ce bruit avait été répandu en France. J'ai moi-même, à l'époque de l'expédition, voyagé avec des militaires qui y croyaient.

L'auteur de la dernière Histoire de la Campagne de Russie, paraît penser que la guerre fut l'ouvrage du cabinet russe, empressé de secouer le joug du traité de Tilsitt, et du système continental.

D'autres ont prétendu que le chef de la France, n'ayant plus à craindre que la Russie sur le continent de l'Europe, s'était déterminé à l'attaquer, pour se débarrasser de sa rivalité, en la reléguant en Asie.

Le projet d'une invasion dans l'Inde, à travers l'empire de Russie, est si extravagant, que, malgré la témérité du chef des Français, on aura toujours peine à croire qu'il faille le lui attribuer sérieusement.

Le besoin qu'a la Russie du commerce avec l'Angleterre, avait déterminé son souverain à renouer ses relations avec cette puissance. Le cabinet de Saint-Pétersbourg devait sans doute aussi supporter impatiemment la dépossession du duc d'Oldenbourg, et l'occupation de la Prusse par les troupes françaises. Mais, peut-être n'en fût-on pas venu à une rupture ouverte, si le chef de la France n'eût pas provoqué une occasion qu'il croyait favorable pour anéantir la puissance russe.

Page 54. On est étonné du silence que garde l'historien à l'égard du 6ᵉ corps commandé par le maréchal duc de Raguse, et composé en grande partie des vieux canonniers d'artillerie de la marine. Ces troupes se sont conduites dans cette bataille avec tant de courage, elles y ont pris une part si décisive, qu'il est de notre devoir de réparer le singulier oubli de M. d'Odeleben. C'est ce corps qui, formé en plusieurs bataillons carrés, échelonnés à la droite de Kaïa, dans une plaine immense, et attaqué par quarante mille hommes de cavalerie, a soutenu jusqu'à sept charges à fond, et s'est toujours fait un rempart de cadavres ennemis. Si un ou deux de ces bataillons ont été rompus, ce n'a été que par l'artillerie légère que démasquaient les escadrons russes et prussiens en arrivant sur les Français. Ces attaques ont duré plus de deux heures; et la résistance héroïque de ces vieilles troupes a seule empêché les ennemis de rompre la ligne, et donné le temps à l'artillerie de la jeune Garde d'arriver sur ce même point. Il faut ajouter encore que cette artillerie était servie presque tout entière par ces mêmes canonniers de marine.

Page 82. 1ʳᵉ *lig.* M. d'Odeleben n'a consulté ni la position de Bischofswerda, ni celle des armées, quand il a écrit cette page. Les Russes n'avaient pas besoin de prendre cette ville d'assaut. Elle se trouvait sur la route qu'ils suivaient dans leur retraite. Dominée de tous les côtés par de hautes collines, elle ne pouvait servir de retranchement à personne. L'avant-garde française arrivait sur les hauteurs qui sont en avant de Bischofswerda; et l'arrière-garde ennemie, qui disputait le terrain pied à pied, avait placé son artillerie sur les hauteurs opposées. La ville restait au fond du ravin. Ce sont les obus ennemis qui l'ont incendiée en tirant sur les soldats du 22ᵉ d'infanterie légère qui se dirigeaient en tirailleurs sur cette bicoque. Les tirailleurs ennemis s'y défendaient à tous les coins des rues, au milieu des flammes qui sortaient de toutes parts, et des habitans effrayés qui cherchaient à sauver quelques débris de leur fortune. Les Français n'avaient aucun intérêt à brûler les villes, et tout leur commandait de les ménager. C'est à l'artillerie des Russes qu'il faut s'en prendre, si en moins d'une matinée ce n'a été qu'un monceau de ruines fumantes. Tout ce que dit là-dessus M. d'Odeleben, à la page 84, est un tissu d'erreurs; et M. de Caulincourt n'a pu, comme il le suppose, prouver à Napoléon que ce malheur était l'effet de l'indiscipline et des excès de l'armée française, puisqu'il n'était pas présent à cette affaire d'avant-postes, et que le moindre officier pouvait démentir une pareille imputation par le témoignage de ses propres yeux.

Page 90. La ville de Bautzen fut enlevée à deux heures après midi; et la principale hauteur de ce champ de bataille, celle qui dominait la plaine en avant de Bautzen, et d'où dépendait la victoire, fut emportée par la division du lieutenant général Bonnet, qui avait quelques pièces de huit et de quatre à opposer aux pièces de position dont cette montagne était hérissée.

Page 94. *lig.* 22. M. d'Odeleben n'ignore point que l'armée alliée était supérieure en nombre, et que ses positions formidables lui donnaient un tiers de forces de plus qu'elle n'en avait réellement.

Page 147 et suiv. *et passim.* Nous n'avons sûrement pas besoin de prévenir que nous n'entendons nullement

Tome I. 20

reconnaître comme avérés tous les torts qu'il plaît à l'auteur d'imputer aux généraux, hommes en place, et fonctionnaires français; torts que le ressentiment des malheurs du temps a pu, sans doute, lui faire exagérer. Nous n'avons pas pu supprimer toutes les imputations, ni les observations critiques de l'auteur, qui se trouvaient liées au récit des événemens, ou au portrait de Napoléon et de sa cour. Mais toutes les réclamations fondées qu'on nous adressera, seront soigneusement recueillies pour être insérées dans les notes, si le succès de l'ouvrage nécessite une seconde édition. Toutes les personnes qui pourront nous fournir des faits intéressans, et des détails exacts pour la rectification de la narration des événemens militaires, sont également invitées à les faire parvenir au libraire-éditeur: nous nous empresserons d'en faire usage.

Nous réclamons aussi l'indulgence du lecteur pour les négligences de style, et les inexactitudes que la rapidité de notre travail, et l'empressement d'en faire jouir le public français, ne nous ont pas permis de remarquer, et de faire disparaître. Nous pouvons cependant assurer que cette traduction a été revue avec tout le soin que comportait une grande célérité; et nous nous flattons que du moins, sous le rapport de l'exactitude et de la fidélité, il nous est échappé bien peu de fautes graves. Nous avons supprimé quelques longueurs, des répétitions, des détails ennuyeux. Nous eussions été beaucoup plus sévères, si le temps ne nous eût pas manqué.

Page 262. *lig.* 12. Jamais l'historien saxon n'a montré plus de partialité que dans ce récit d'une bataille qui fait le plus grand honneur aux soldats français. Deux cent mille alliés, protégés par les plus belles positions militaires, en ont été chassés par cinquante trois mille de nos guerriers. Les retranchemens de Dresde n'étaient qu'ébauchés, et il y avait si peu de monde pour les défendre que, le 26, les colonnes ennemies arrivaient dans la ville en chantant victoire, et criant à tue-tête : *à Paris, à Paris!* C'est à deux cents pas de la grande place que les colonnes rencontrèrent le premier peloton de la vieille Garde, qui arrivait en toute hâte de la Silésie ; et cette apparition rappela celle de la tête de Méduse. En un instant les bataillons ennemis furent culbutés les uns sur les autres ; et l'espace de terrain qui se trouve entre le faubourg et le pied des collines fut couvert de morts. La redoute du grand jardin fut emportée par deux régimens de la jeune Garde qui allaient au feu pour la première fois. Les officiers se mirent à la tête des compagnies, et montèrent les premiers sur le parapet. Le début de ces jeunes conscrits fut une action glorieuse. La Garde lutta presque seule dans cette première journée. Le corps du duc de Raguse ne put se mettre en ligne que le 27, vers une heure après midi ; et dans le moment les avant-postes étaient sur les premières collines. Les troupes françaises bivouaquèrent au pied de ces hauteurs qu'elles brûlaient d'emporter le lendemain ; mais le roi de Naples avait, par une manœuvre hardie, tourné ces positions formidables, et les alliés reprirent le 28 au matin la grande route de la Bohême. Pendant les quatre jours suivans, les Français les chassèrent, de montagne en montagne, jusqu'aux défilés de Tœplitz. A chaque pas on faisait des prisonniers. Les Autrichiens se rendaient par bandes, et le nombre en a été évalué à vingt-huit mille. On les prenait dans les bois et les villages. Ils jetaient gaîment leurs armes en demandant du pain, et criant : *Vivat! vivat!* Il n'en était pas ainsi des Russes. Nous leur faisions peu de prisonniers. Dès qu'ils se voyaient sans ressources, ils s'accroupissaient au pied d'un arbre ou d'un tertre, les poings dans les yeux, et semblaient attendre le coup de la mort. Ils demeuraient ébahis de surprise quand ils se voyaient traiter avec douceur et commisération. Ce n'est point l'habileté de Kleist qui nous a fait perdre le fruit de cette bataille. Si Vandamme fût resté dans la position où il avait ordre de passer la nuit, s'il n'eût pas laissé un intervalle de deux lieues entre les corps qui le flanquaient, en faisant ce chemin de plus dans la journée, il n'aurait pas donné au général Kleist, l'idée de le couper, et aux souverains alliés les moyens de le battre. Encore l'ennemi n'a-t-il pas su profiter de cet avantage. Aucun soldat de Vandamme ne lui devait échapper. Environné par toute l'armée des confédérés, et n'ayant que vingt-cinq à trente mille hommes, il s'est défendu avec une rare intrépidité. J'ignore quel était le plan de Napoléon. Je ne m'en occupe point; mais quoi qu'en dise M. d'Odeleben, quelque promesse qu'il eût faite au roi de Saxe, je pense qu'il avait tout à gagner en transportant la guerre sur un terrain neuf, comme l'était la Bohême. Je sais très-bien que, sans la faute de Vandamme, nous attaquions le lendemain les défilés de Tœplitz; que nous les aurions emportés comme toutes les gorges et montagnes que nous enlevions depuis quatre jours; et que dans la première semaine de septembre, les murailles de Prague seraient tombées en notre pouvoir. Il restait assez de troupes en Saxe et dans les forteresses, pour amuser Blücher et Bernadotte; et les maréchaux Ney et Macdonald, n'étaient pas assez battus pour être hors d'état de prendre une éclatante revanche.

FIN DU TOME PREMIER.

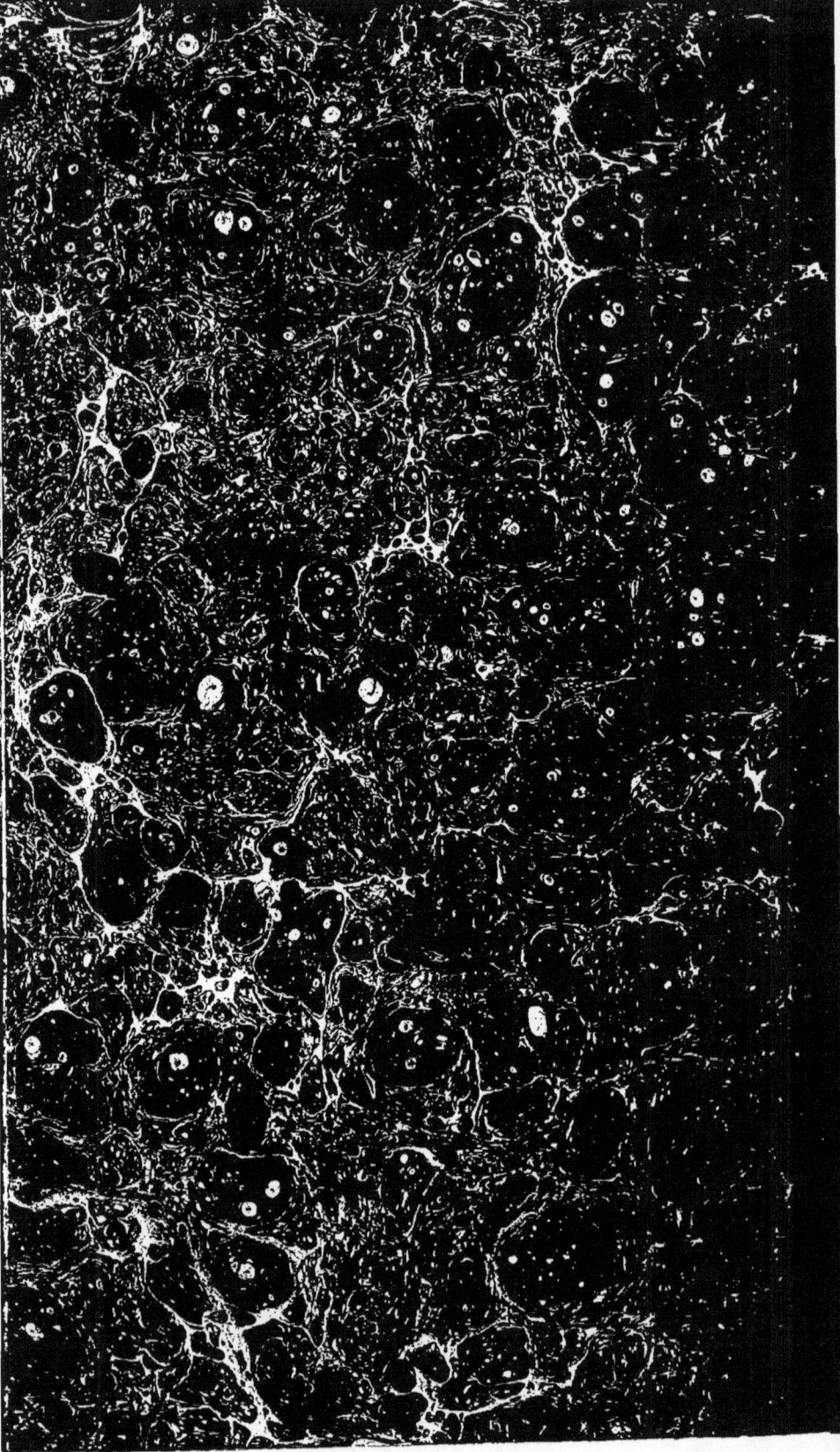

www.ingramcontent.com/pod-product-compliance
Lightning Source LLC
Chambersburg PA
CBHW071339150426
43191CB00007B/783